# Mein Sommer mit den Feuerpferden

2. Auflage 2021

ISBN 978-3-7641-5191-1

Übereinstimmungen und Ähnlichkeiten mit lebenden Personen oder Familien sind rein zufällig und nicht beabsichtigt.
Lektorat: Angela Iacenda
Umschlaggestaltung: Carolin Liepins
unter der Verwendung von Fotos von © shutterstock/DazaPhoto, © shutterstock/SonyaDehartDesign.com, © shutterstock/Shtonado und © shutterstock/vector_ann

Druck und Bindung: Finidr s. r. o., Český Těšín
Gedruckt auf Papier aus geprüfter nachhaltiger Forstwirtschaft.
www.ueberreuter.de

MINA TEICHERT

# Mein SOMMER MIT den Feuerpferden

ueberreuter

# Sommerflimmern

Was für ein Tag! Es ist Mitte Juli, die Sommerhitze hat mich schon früh aus dem Bett getrieben, obwohl Ferien sind. Und ich kämpfe gegen die Müdigkeit, während Papa mich mit dem Auto zu Oma Hildes Hof fährt. Wir passieren die Allee mit den alten Eichen und hoppeln über Kopfsteinpflaster. Nur noch wenige Meter und wir biegen auf die Einfahrt. Innerlich zähle ich einen Countdown: acht, sieben, sechs …

Die Sonne knallt vom Himmel, die Klimaanlage unseres Vans kommt gar nicht dagegen an. Ich kann es nicht erwarten, endlich auszusteigen. Fünf, vier, drei … der Wagen fährt durch das schmiedeeiserne Tor mit den springenden Pferden aus Stahl.

Einige Islandponys stehen auf dem Paddock vor dem mit Rosen bewachsenen Stall und schauen interessiert zu uns herüber. Zwei, eins … und der Wagen hält neben der großen Scheune. Ich könnte ausflippen vor Glück und rutsche unruhig auf dem Beifahrersitz herum. Es ist einfach zu schön hier. Die vielen Blumen, die das alte Fachwerkhaus schmücken, sehen aus wie aus einem Märchen. Und als Omas Pfauen, allen voran Mister Perigrim, zur Begrüßung die Räder schlagen, ist das Bild einfach perfekt.

»Also, denk dran, Nelly: Du meldest dich einmal täglich bei deiner Mutter, sonst raubt sie mir den letzten Nerv«, holt Papa mich aus meinen Gedanken und stellt den Motor ab.

»Sie wird schon nicht ausflippen, wenn ich mich mal einen Tag später melde«, antworte ich und Papas Augenbrauen schnellen in die Höhe. »Kennst du deine Mutter?«

»Klar, Paps.« Ich lächle, gebe mir einen Ruck und hebe die Finger zum Schwur. »Hiermit verspreche ich feierlich, mich jeden Tag wie ein Kleinkind zu melden. Macht euch keine Sorgen. Ich bin nicht das erste Mal auf Reiterferien«, erinnere ich ihn und streiche mir eine blonde Locke hinters Ohr. Meine Hand findet den Türgriff, aber Papa hält mich an der Schulter zurück.

»Und du bist sicher, dass du ganze vier Wochen hierbleiben willst?« Er macht einen Schmollmund, wie ich, als ich vielleicht vier Jahre alt war und etwas nicht einsehen wollte. So, wie wenn ich keine zweite Tüte Schmalzkuchen bekam, weil ich mich sonst ganz sicher übergeben würde.

Ich muss lächeln, weil er immer noch nicht glauben kann, dass ich nicht mit ihm und Mama ans Mittelmeer möchte.

Dass ich lieber auf dem Rücken meiner geliebten Fuchsstute Frekja sitze und mit Oma Hilde Mist aus Ställen schaufle. Ganz zu schweigen von dem alljährlichen Ausflug, der bereits nächste Woche ansteht.

Oma erwartet jedes Jahr so einige Feriengäste, die Reiterferien bei ihr machen wollen. Und dann geht es zur alten Wikingerstadt Haithabu, um zu zelten und zu leben wie vor tausend Jahren. Letztes Jahr war ich die unangefochtene Meisterin im Bogenschießen.

Papa stupst mich an, als ich nicht sofort antworte, und forscht in meinem Gesicht. »Na, doch nicht ganz sicher?«, fragt er.

»Da kennst du mich aber schlecht, Papa. Ich bin so was von sicher, wer soll Oma denn sonst helfen?« Ich opfere meiner einer gerne dafür. Und ich liebe es mich als Schildmaid zu verkleiden und zu Pferd abenteuerliche Prüfungen zu bestehen.

»Na gut. Wenn du es dir anders überlegst, du weißt ja, wo du uns findest«, erinnert er mich noch einmal. »Du weißt, das Beistellbett in unserem Bungalow am Meer ist für dich reserviert.« Er zwinkert.

»Ich werde euch doch auch vermissen«, sage ich und drücke ihm einen dicken Kuss auf die haarige Wange. »Aber ich will wirklich hier sein.« Wie eigentlich jedes längere Wochenende oder die Ferien.

Eines der Feuerpferde wiehert auffordernd und Papa gibt sich geschlagen.

Ich steige aus, heiße Luft schlägt mir entgegen und ich tänzle zum Kofferraum. Oma Hilde hat uns entdeckt, kommt winkend auf uns zu, während ich mein Gepäck entlade. Dann drücke ich die kleine Frau mit lilafarbenen Locken ungeachtet der Mistflecken auf ihrer Hose fest an mich. Papa hingegen geht gerne auf Abstand zu Schmutz und ich muss lachen über seine Pingeligkeit. Oma auch, sie sagt immer, Bürohengsten stünde ein Tag mit Mistforken und Schubkarren ganz gut. Doch selbst die Gartenarbeit macht bei uns meine Mama, sie ist da nicht so, sie ist ja schließlich hier auf dem Hof aufgewachsen.

Ich eile zu den Pferden, die erwartungsvoll mit den Hufen scharren. Es riecht einfach wunderbar hier. Nach Heu, Stroh, frischem Pferdemist auf Spänen und Pferdefell. Ich atme tief ein und schließe einen winzigen Moment die Augen.

Mit drei Jahren war ich das erste Mal hier bei Oma Hilde und saß auf einem Pferderücken. Es war Grani, die Graue, auf der ich lernte. Und mittlerweile bin ich eine ziemlich geschickte Reiterin geworden, sagt Oma.

»Hey, meine Schätze«, zwitschere ich und bekomme ein freudiges Brummeln der drei Isländer auf dem Paddock zur

Antwort. Plötzlich rumpelt es im Offenstall zu meiner Rechten. Meine Lieblingsstute Frekja hat meine Stimme erkannt und sofort die Futteraufnahme gestoppt, um herauszukommen.

»Meine Süße!«, rufe ich entzückt und lehne mich über den Zaun. Die fuchsfarbene Schönheit beeilt sich, zu mir zu kommen und stupst mich liebevoll mit der rosa Nase.

»Ich bin so froh, dass wir uns wiederhaben. Du hast keine Ahnung, wie sehr ich dich vermisst habe«, gestehe ich ihr und schiebe ihr ein Bananenleckerli zu, das sie genüsslich frisst. Die anderen Isis, die mit ihr zusammenstehen, bekommen natürlich auch Leckerbissen. All die schönen Feuerpferde schmatzen. Man nennt sie deshalb Feuerpferde, weil sie von einer echten Vulkaninsel stammen und man sagt, sie seien aus Feuer und Eis geboren. Ich liebe diese Geschichte!

Ich seufze, drücke Frekja einen dicken fetten Kuss auf die Nüstern, klettere über den Zaun und schwinge mich auf ihren Rücken. So etwas würde ich bei keinem anderen Pferd wagen, ohne Zaumzeug und so. Aber Frekja genießt es, als ich meine Hände um ihren Hals lege und mich an sie schmiege. Wir sind eins, zwei Teile eines Ganzen.

Papa und Oma unterhalten sich immer noch über Urlaube, als ich es geschafft habe, mich vorerst von meiner Stute zu lösen. Irgendwann schleppe ich meinen Koffer ins Haus und die Treppe hinauf in den Gästebereich. Mein Herz hämmert wie jedes Mal, wenn ich ankomme, aufgeregt in meiner Brust. So muss sich Liebe anfühlen, kombiniere ich. Liebe bringt das Herz zum Überkochen, sagt Mama.

Ich ziehe mein Gepäck den schmalen Flur entlang, von dem die vielen Gästezimmer abgehen. Ich weiß genau, wie sie alle aussehen. Die meisten haben vier bis sechs Betten und sind mit Kiefernmöbeln ausgestattet. In jedem hängen kleine Wandteppiche, auf denen das Lied der Feuerpferde gestickt ist, und unwillkürlich beginne ich die Melodie zu summen. Ganz am Ende des Gangs erklimme ich die schmale Holztreppe ins Dachgeschoss, wo zwei kleinere Zimmer mit runden Fenstern, die an das Bullauge eines Schiffes erinnern, warten. Das Linke ist mein Zimmer und es sieht immer ein bisschen aus, als würde man sich in einer Kajüte befinden. Es hat ein Stockbett und sogar eine Hängematte und die Vorfreude ist groß, als ich die Türklinke hinunterdrücke. Doch dann erstarre ich zur Salzsäule.

Jemand liegt auf meiner Matratze. Mit schwarzen Stiefeln.

Ich brauche einen Moment, um diesen Jemand als meine Cousine Aurelie zu identifizieren, die ich bestimmt fünf Jahre lang nicht mehr gesehen habe. Sie ist die Tochter von Mamas

Bruder, der die meiste Zeit in Frankreich wohnt. Und sie ist ein Jahr älter als ich.

»Hallo?« Ich stehe im Türrahmen, sie hat AirPods in den Ohren und bemerkt mich nicht. Bis ich mit Karacho meinen Koffer vors Bett krachen lasse.

Sie wirbelt herum. Ihre Augen sind mit dunklem Kajal umrandet, ihre sonst braunen Haare haben die Farbe des Gefieders eines Raben. Sie lächelt, doch es ist nicht echt.

»Nelly, du hast dich ja gar nicht verändert«, begrüßt sie mich mit französischem Akzent und ich bin mir nicht sicher, was ich darauf antworten soll.

»Du schon«, rutscht es mir heraus. Sie könnte von Außerirdischen entführt worden sein. Was auch immer die mit ihr angestellt haben …

»So wie es aussieht, werden wir zauberhafte Ferien miteinander verbringen«, meint sie. Die Ironie des Ganzen springt mir quasi ins Gesicht.

»Schön, freut mich. Aber davon weiß ich ja gar nichts.« Ich muss ganz ehrlich sagen, ich hätte das gerne vorher gewusst. Denn bei unserer letzten Begegnung hatte sie mich *Très stupide* genannt, was so viel heißt wie *sehr dämlich*. Ich hab's nachgeschlagen. Und das nur, weil ich ihr Lieblingsbuch nicht kannte.

»Guck nicht so *stupide* und mach es dir gemütlich«, sagt sie zu mir und dreht ihre Musik wieder voll auf. Ein monotoner Bass dringt zu mir herüber, deprimierend und laut.

»Hey«, versuche ich zu ihr durchzudringen und stupse sie an ihrem Stiefel. »Du liegst auf *meinem* Bett. Können wir bitte tauschen?«, frage ich kleinlaut. Sie ignoriert mich. Ich stupse noch mal.

»Was?!«, knurrt sie, ihre Augen ziehen sich zusammen.

»Das ist mein Bett.« Ich verfluche es, dass meine Stimme sich anhört wie das Piepsen einer Maus. Aurelie soll bloß nicht denken, ich hätte Schiss vor ihr. Auch wenn sie hier einen auf Satansanbeterin macht. Denn irgendwie erinnert sie mich gerade an einen Horrorfilm, den ich unerlaubterweise gesehen hatte. Meine Cousine trägt doch tatsächlich ein riesiges Kreuz um den Hals, als wolle sie sich selbst exorzieren.

»Pardon, du Model«, bekomme ich zur Antwort und sie verlagert ihren knochigen Hintern auf die obere Etage. »Bon. Jetzt alles gut, Ihre Majestät?« Sie grinst und ich streiche Schmutz von meinem Bett. Sie hat es total vollgekrümelt.

»Warum nimmst du nicht das andere Zimmer nebenan?«, will ich wissen. Ich meine, Oma kann doch unmöglich wollen, dass wir uns hier die Augen auskratzen. Und ich fürchte, so etwas Bedauerliches könnte geschehen, denn wir passen einfach nicht zusammen. Das weiß ich jetzt schon.

»Geht nicht, da zieht der Praktikant ein«, unterrichtet mich Aurelie und mustert mich von oben bis unten. Ihr Mundwinkel zuckt spöttisch. »Du stehst also immer noch auf Rosa mit Glitzer?«, stellt sie fest.

Ich bereue sofort, dass ich nur die alten Klamotten eingepackt habe. Aber Mama bestand darauf, weil die Neuen zu schade fürs Reiten seien, sagt sie. Ich sehe das natürlich ganz anders, aber man setze sich mal gegen seine eigene Mutter durch.

»Na ja, die Modepolizei bist du ja wohl auch nicht gerade. So farbenfroh, wie du gekleidet bist. Ganze vier Schwarztöne, was?«, frotzle ich und die Tür in meinem Rücken öffnet sich, als Oma Hilde zu uns hereinweht.

»Holla die Waldfee, Mädels, hier ist aber dicke Luft drin«, zwitschert sie gewohnt vergnügt, tänzelt durch den Raum und öffnet umgehend das kleine Fenster. »Im Sommer wird es hier wirklich sehr kuschelig, was?« Sie lächelt. Oma hat ja keine Ahnung, wie dick die Luft hier ist. Sie legt ihren Arm um mich, küsst meinen blonden Schopf und tätschelt mit der freien Hand Aurelies Fuß, der über den Rand der Matratze vom Hochbett guckt.

»Ich freu mich so sehr, dass ich diesen Sommer die Unterstützung von gleich zweien meiner Enkel bekomme«, meint sie und knufft mich. »Es macht dir doch nichts aus, dein Zimmer zu teilen, Nelly?«, fragt sie und guckt mich so hoffnungsvoll an, dass ich nichts Gegenteiliges sagen kann. Auch wenn ich gerne möchte. Denn meine Ferien hier sind mir heilig. Hier kann ich aus mir herauskommen und sein, wer ich bin. Und ich hab auf dem Hof sogar was zu sagen, werde oft um meine Meinung gefragt und in Entscheidungen mit einbezogen. Nicht wie in der Schule, wo beinahe jeder mir über den Mund fährt oder mich nicht ernst nimmt.

Und jetzt das?

Aurelie grinst mich offen an. »Aber natürlich nicht. Nelly hat mir gerade gesagt, wie sehr sie sich freut, mich endlich mal wieder zu sehen«, sagt sie. Mein Lächeln friert trotz der Hitze hier oben ein.

»Das sind doch die besten Voraussetzungen«, freut sich Oma und ihre Wangen beginnen, aufgeregt zu glühen. Dann lässt sie mich los und klatscht in die Hände. »Heute Abend gibt's Hähnchen und Kartoffelsalat. So wie ihr ihn liebt, mit Petersilie und Ei«, verkündet sie.

»Ich bin Vegetariern«, meint Aurelie, ohne Oma anzuschauen.

»Oh, wie schade.«

»Also, ich freu mich. Du bist die Beste, Omi«, sage ich schnell und taxiere meine Cousine mit Blicken. Wie kann man so unhöflich sein?

»Ich zaubere dir einfach noch eine Ofenzucchini, wenn du magst«, schlägt Oma vor und ich entdecke die Kritzeleien auf dem Poster von meiner Frekja an der Wand, das Oma mir letztes Jahr zu Weihnachten geschenkt hat. Diese Kuh hat meinem Pferd doch tatsächlich schielende Augen und einen Schnurrbart verpasst! Und sie hat ihre weißen Beine schwarz gefärbt und Stiefel draus gemacht. Ich verschlucke einen Fluch.

»Nelly, dann pack mal in Ruhe aus und wenn ihr zwei Hübschen so weit seid, dann kommt einfach runter. Dein Papa will auch gleich losfahren und sich verabschieden«, meint Omi, die meinem Blick zum Poster gefolgt war und diesen Frevel ignoriert.

Sie lässt uns wieder allein. Ich öffne meinen Koffer, stopfe Reithosen und T-Shirts in den winzigen Schrank, der bereits voll von Aurelies Dingen ist. Schwarze Kleider, schwarze Jeans, Schwarze Unterwäsche, schwarze … was auch immer.

»Ich muss sagen, ich wundere mich ein bisschen«, beginne ich zögerlich. »Ich dachte immer, du magst keine Pferde.«

»Tu ich auch nicht«, sagt sie lahm.

»Und warum bist du dann hier?«

»Ich will nur mal meine Oma besuchen. Ist dagegen etwas einzuwenden?« Sie lehnt sich an die Wand, verschränkt die Arme und beobachtet mich.

»Quatsch. Erzähl das dem Weihnachtsmann.« Aurelie hatte, so weit ich mich erinnere, noch nie Familiensinn.

Aurelie seufzt theatralisch. »Na, gut. Der Grund ist ja kein Staatsgeheimnis: Ich bin sozusagen verdonnert worden, hier so eine Art Sozialstunden abzuleisten, wenn du es genau wissen willst«, erklärt sie und ich schließe mit etwas viel Schwung den Schrank. Er wackelt.

»Was hast du angestellt?« Ich runzle die Stirn. Als wir noch Kinder waren, wollte sie immer mit mir Beerdigung spielen und mich irgendwo verbuddeln. Ob sie …?

»Guck nicht so. Ich war nur zum falschen Zeitpunkt am falschen Ort.« Sie runzelt die Stirn, verstaut ihr iPhone in der Hosentasche.

»Aha«, antworte ich ungläubig und möchte mir an die Stirn tippen.

»Eine Freundin hat etwas mitgehenlassen und ich wurde dafür drangekriegt.« Sie zuckt die Achseln und für einen winzigen Moment wird ihr Blick bei der Erinnerung unruhig.

»Tolle Freunde hast du. Meinen Glückwunsch.« Vielleicht

hätte ich mir diesen Satz verkneifen sollen, denn es scheint, als sammle sich plötzlich eine Gewitterwolke über dem Kopf meiner Cousine.

»Rede nicht über Dinge, die du nicht verstehst!«, antwortet sie sauer.

»Also, von Freundschaft verstehe ich sehr wohl was. Und wenn man solche Freunde hat, braucht man keine Feinde mehr«, versuche ich es etwas sanfter. Die Luft hier drinnen beginnt zu flimmern.

Meine Cousine erhebt sich, springt vom Bett und ich zucke zurück, als sie auf mich zukommt. Diese Reaktion entlockt ihr ein klares Auflachen. »Immer noch der gleiche Angsthase wie früher?«

Ich straffe mich, recke mein Kinn kämpferisch vor.

»Du weißt gar nichts über mich«, gebe ich zurück und glotze sie blöde an, als sie eine Zigarette aus ihrer Reisetasche angelt und sie ungeniert ansteckt.

»Äh«, mache ich nur und Aurelie stellt sich ans Fenster, pustet grauen Rauch hinaus.

»Pass auf, Nelly. Wir machen einen Deal, wie hört sich das für dich an?« Sie guckt sich über die Schulter zu mir um.

Ich kann nicht antworten, ich bin immer noch fassungslos, dass sie gerade mein Zimmer verpestet.

»Wir gehen uns, so gut es geht, aus dem Weg und wenn wir uns hier aushalten müssen, sind wir leise und freundlich. Dann wird schon nichts passieren«, meint sie. »Ich bin total pflegeleicht, wirst schon sehen. Pflegeleichter als all die schönen Pferde auf jeden Fall«, plaudert meine Cousine weiter. »Man sollte mich nur nicht reizen, dann ist alles cool.« Sie zwinkert.

»Ach so und mein Poster hat aufgemuckt, oder was?«, fällt mir wieder ein, als mein Blick daran hängen bleibt.

»Oh, oui, das …« Aurelie schaut mich mit Bedauern an. »… das ist einfach passiert, pardon.«

Mir passiert auch gleich einfach was. Ich balle die Hände an meinen Seiten zu Fäusten. Doch ehe ich etwas sagen kann, geht Aurelie an mir vorbei, bläst mir den Qualm entgegen und verlässt das Zimmer. Mann, das kann ja heiter bis wolkig werden! Ich knirsche mit den Zähnen und folge ihr. Sie geht aus dem Haus und ist plötzlich ein ganz anderer Mensch. Sie setzt ein honigsüßes Lächeln auf und begrüßt meinen Papa, als würde sie sich total freuen, ihn zu sehen.

»Aurelie, was für eine Überraschung«, sagt der und drückt sie. »Du bist wahnsinnig groß geworden.

*Wahnsinnig* trifft es. Ich warte, bis der hübsche Austausch von Höflichkeiten vorbei ist. Ganz kurz überlege ich, meinen Koffer zu holen und meinen Hintern wieder ins Auto zu schwingen. Nach dem Motto: her mit dem Meer. Aber dann ruft Frekja nach mir und ich verwerfe den Blitzgedanken sofort wieder. Niemand würde mir meine Zeit mit meiner Stute versauen. Schon gar nicht eine satanistische Cousine, die möglicherweise einen Dämon in sich trägt. Den kann man ihr vielleicht austreiben, ich muss nur überlegen, wie. Hat die nächste Kirche eigentlich Weihwasser in Fläschchen?

# Eisscholle voraus

Die erste Nacht mit Aurelie war schlimm. Sie hatte kein Interesse daran, leise zu sein, geschweige denn das Licht zu löschen, weil sie noch lesen wollte. Ich hatte ja keine Ahnung, wie laut das Umblättern von Buchseiten sein kann. Das Frühstück verläuft da schon etwas besser und ich erfahre, dass der Praktikant schon mitten in der Nacht, also um 6 Uhr dreißig eingetroffen ist und Matti heißt. Hübscher Name, fand Aurelie und fragte Oma tatsächlich Löcher in den Bauch, was sein Alter und seine Herkunft angeht.

Matti ist schon sechzehn und aus Hamburg. Und er will später Pferdewirt und Profibereiter werden und macht deshalb sein Praktikum hier. Ich hoffe, er kann richtig anpacken, denn es gibt noch viel zu tun, bevor die Gäste eintreffen. Die Offenställe müssen gemistet, die Weiden neu abgesteckt, die Pferde geputzt und sämtliches Sattelzeug gereinigt und überprüft werden. Dazu kommt das Entrümpeln der Scheune, was längst überfällig ist, sagt Oma. Sie erwartet einen Trödelhändler, der ihr alten Kram abkaufen will. Nur kurz wundere ich mich darüber, weil Oma sonst an allem hängt, was zum Hof gehört. Selbst alte Gießkannen landen nicht auf dem Müll, sondern werden zu Deko-Objekten und Blumentöpfen.

Ich will mich nützlich machen, atme ein letztes Mal durch und begebe mich ans Werk. Aurelie hingegen setzt sich mit Schwung auf einen Heuballen, während ich die Schubkarre vor einem der Ställe parke. Ich wette, Aurelie will es wie Mister Perigrim der Pfau machen. Einfach nur schick aussehen.

»Willst du schon mal die Mistgabeln holen?«, rufe ich ihr zu und sie ignoriert mich. Ihre Nase steckt wieder in einem Buch.

»Hallo?!« Ich lasse die Schubkarre stehen und hole mir selbst die Forke. »Hast du vor, nur dekorativ hier rumzusitzen?«, will ich wissen.

»Wenn du mich so fragst«, säuselt sie, hebt den Blick und zieht die Beine unter den Po, um es bequemer zu haben.

Ich schnaufe und beginne Mist zu schippen. Bei der Sommerhitze kein leichtes Unterfangen, aber ich beiße mich tapfer durch. Ganze vier Offenställe miste ich allein und frage mich, wo der angekündigte Praktikant eigentlich abgeblieben ist?

Irgendwann hole ich mir meine freche Frekja in die schmale Stallgasse, um sie zu putzen. Wie immer brauche ich meine

Fuchsstute nicht mal anbinden, weil sie sowieso dort bleibt, wo ich bin. Mit geübten Bewegungen striegle ich den Staub aus ihrem weichen Fell. Sie genießt die Berührungen und versucht mich ihrerseits zu putzen. Dabei schiebt sie ihre Lippe vor und rubbelt über meinen Rücken, bis ich kichere.

»Du bist so ein Schatz«, hauche ich und schlinge meine Arme um ihren Hals. Sie hält ganz still und ich könnte sie fressen vor lauter Liebe. Dann hebt sie ihren dicken Kopf ganz hoch, weil ich eine Stelle unter dem Kinn entdeckt habe, die sie sich besonders gerne kraulen lässt. Und als ich aufhöre, legt sie ihr Kinn auf meine Schulter und zieht mich näher zu sich heran.

»Oh, mein Gott«, hauche ich und küsse ihre Nase. »Ich bin verrückt nach dir.«

»Mon Dieu. Du bist echt widerlich.« Aurelie, die ich beinahe vergessen habe, macht Würgegeräusche und dann blitzt es ganz plötzlich hell auf im Stall. Ich halte die Luft an, blicke mich um. Frekja spitzt die Ohren und ich gucke direkt in eine Kameralinse.

»Ich hoffe, mir sagt irgendwann ein Mädchen dieselben Dinge, wenn ich mit ihr Zeit im Stall verbringe«, höre ich eine relativ tiefe Stimme sagen. Hinter der Spiegelreflexkamera erscheint ein Gesicht. Es ist schmal, recht hübsch mit einer geraden Nase und nussbraunen Augen, die etwas eng zusammenstehen.

»Hallo, ich bin Matti«, sagt der Junge und lässt die Kamera sinken. Ich will noch protestieren, weil dieser Kerl einfach ein Foto von mir gemacht hat.

Doch Aurelie erwacht vor mir zum Leben, springt vom Rundballen und steht plötzlich vor mir und Frekja. »Ich bin Aurelie, willkommen auf unserem zauberhaften Hof«, sagt sie und ich runzle die Stirn. Unserem, was?

Sie lächelt, ihre weißen Zähne blitzen.

»Und ich bin Nelly und wir müssen uns unbedingt über Persönlichkeitsrechte unterhalten«, platzt es aus mir heraus und ich ärgere mich augenblicklich über mich selbst. Ich bin es nicht gewohnt, dass mich jemand fotografieren will. Eine unangenehme Erinnerung knallt durch meinen Kopf. Vivien und Maria, die in der Schule darüber reden, wie unscheinbar ich sei. So austauschbar. Maria lachte schallend und sagte: »Nelly, ich habe heute kein Foto für dich« und imitierte damit Heidi in ihrer Topmodel-Show.

Jetzt ist es Aurelie, die lacht.

»Beachte sie gar nicht, wenn du mal Fotos machen willst, ich stell mich nicht so an«, sagt sie mit ihrem hübschen Akzent.

Ich mustere ihr schwarzes Outfit. »Ich stell mich auch nicht an, ich möchte nur gefragt werden«, rücke ich halblaut das Bild gerade, das sie von mir zeichnet. Ich hab schließlich mein hässlichstes T-Shirt mit Entenprint an und meine Reithose hat ein Loch so groß wie Lochness. Und mein Zopf sitzt schief auf meinem Kopf. Verdammt.

»Großes Sorry, ich würde natürlich niemals ein Bild veröffentlichen, wenn ich nicht nachgefragt hätte. Es ist nur für mich und für dich«, verteidigt sich der Junge und kratzt sich verlegen den Nacken. »Aber dieser Moment gerade eben, der war etwas Besonderes, den musste ich einfangen. Willst du mal sehen?«, fragt er mich freundlich. Ich bin ganz sicher nichts Besonderes.

Matti dreht mit einer schnellen Bewegung die Kamera um, zeigt mir das Display und ich staune nicht schlecht. Die Aufnahme ist in Schwarz-Weiß und die Art, wie ich die Augen halb geschlossen habe und Frekjas Kopf halte, ist so schön, dass mich sofort Emotionen nur so fluten. Pures Glück gepaart mit Frieden.

Halten wir fest, fotografieren kann der Typ. Und hübsch lächeln kann er auch.

»Wow, super Foto!« Etwas betreten schaue ich schnell wieder weg. »Und, kannst du auch ausmisten? Ich könnte noch

Hilfe mit den Ställen gebrauchen.« Ich lächle etwas verlegen und Matti fährt sich durch sein dunkles Haar. Frekja wiehert und andere Islandpferde auf der nahen Koppel antworten ihr.

»Klar kann ich das«, sagt er und lehnt sich lässig an die Wand in seinem Rücken. Ich lasse den Striegel in die Putzkiste fallen und beobachte, was mit Aurelie Seltsames passiert. Sie knickt ihre Hüfte ein und übt einen langen Augenaufschlag. »Das glaub ich dir sofort, ich wette du hast dir schon ordentlich Muskeln antrainiert«, meint sie. Was stimmt nicht mit ihr? Versucht sie etwa zu flirten?

Matti legt seine Kamera beiseite, ich habe das Gefühl, er wird rot von Aurelies Schmeichelei, und ich rolle innerlich mit den Augen.

»Na, das trifft sich hervorragend. Ich habe dir nämlich noch ganze vier Offenställe übrig gelassen«, sage ich und nehme Frekjas Huf, um ihn auszukratzen. Wenn die beiden sich in irgendeinem Balzverhalten üben wollen, dann bloß ohne mich.

»Kein Problem, ich bin eh gerade so richtig in Schwung. Ich habe mit deiner Großmutter den Zaun erneuert«, lässt er mich wissen und Frekja macht ihr Bein so schwer, dass ich es kaum noch halten kann. Keine Ahnung, warum ich keinen Moment der Schwäche zulassen will, während Matti so auf mich hinabblickt und nicht daran denke, den Huf einfach neu anzuheben. Ich weiß doch um die Macke meiner Stute, die zeitweise ihr gesamtes Körpergewicht auf ein Bein verlagert, nur um freizukommen. Ich ächze.

»Brauchst du Hilfe?«, fragt Matti. So weit kommt das noch.

»Nein, ich kann das allein. Meine leichteste Übung. Nur ein kleiner Kachtmampf. Kampfmacht, Machtkampf«, krächze ich.

Ich stemme mich gegen Frekjas Schulter, packe den Fuß fester und kratze den Dreck heraus.

»Ich hatte auch mal ein Pferd, das hat ständig getreten, wenn der Hufschmied kam. Auch eine Stute …«, sinniert unser Neuankömmling. »Dabei sollte man meinen, ihr Mädchen mögt Pediküre.«

»Maniküre, ich für meinen Teil flippe auch aus, wenn mir jemand an die Füße geht«, lässt uns Aurelie wissen, die mal wieder schneller ist mit einer Antwort und ich kann ihr breites Lächeln heraushören.

»Wie auch immer, manchmal muss man einfach klarstellen, wer der Boss ist«, meint Matti dann.

»Meine Rede«, zwitschert Aurelie und ich frage mich, wovon die beiden genau sprechen. Ja, klar, sie scheinen beide ja die totalen Pferdeexperten zu sein. Doch plötzlich rutsche ich mit dem Hufkratzer so blöde ab, dass ich mir die Hand aufreiße. »Autsch. Verdammt!«

Ich taumle, als mir dunkles Rot über die Hand läuft. O Gott, ich kann doch kein Blut sehen!

»Hey, alles okay mit dir?« Eine Hand legt sich auf meine Schulter. Frekja guckt mich unschuldig an und ich wanke leicht. Meine Sicht franst aus.

»Du hast dich verletzt«, stellt Matti fest und greift mir ohne zu zögern unter den Arm, als ich drohe umzukippen.

»Pein Kroblem. Äh, kein Problem«, hauche ich und werde sacht in Richtung frische Luft dirigiert. Mein Puls dröhnt in meinem Kopf und Aurelie hebt müde eine Augenbraue.

»Kümmere dich mal um die Stute«, ruft Matti meiner Cousine über die Schulter hinweg zu, während wir durch das große Stalltor hinausgehen. Sie antwortet nicht und ich frage mich, ob sie die Anweisung überhaupt verstanden hat oder ob sie taub ist für jede Art von Arbeitsauftrag.

»Zeig mal.« Matti angelt nach meiner Hand, ich bin bemüht, nicht hinzuschauen. »Ist halb so wild.« Er lächelt lieb.

Wenn man ihn so betrachtet, könnte man wirklich meinen, dass so mancher Stallbursche dem Prinzen vorzuziehen ist.

Wind frischt auf, trifft auf meine glühenden Wangen und der Geruch von Pferden weht zu mir herüber. Mister Perigrim führt sein stolzes Gefolge bestehend aus zwei jüngeren Pfauenherren und vier Damen über den Hof, legt seinen Kopf auf seine unmissverständlich drohende Art schief und guckt mich böse an. Oh, dieses fiese Vieh. Er hat aber auch nie Mitleid. Er hat mich als Kind mal über den ganzen Hof gejagt. Und mit seinem Gepicke nicht mal aufgehört, als ich am Boden lag.

»Ich weiß, wo deine Oma den Verbandskasten hat. Du bist im Nu wieder topfit«, tröstet Matti mich, während wir so über den Kopfsteinpflasterhof gehen, unter den Rosen hindurchtauchen und die Seitentür zum Haus öffnen. »Ich bin gut im Verarzten. Meine kleine Schwester hat sich letzte Woche den Finger gebrochen und rate mal, wer zur Stelle war …«

»Du?« Ich versuche zu lächeln.

»Stimmt. Und letztes Jahr hatte sich eines der Sportpferde, die ich trainiere, auf meinen Fuß gestellt und mir den Zeh gebrochen.«

Sportpferde also. Aha …

»Das tat vielleicht weh, dagegen ist das hier ein Fliegenbiss«, erzählt er und ich kämpfe gegen Übelkeit. Der großzügige Flur scheint kein Ende zu nehmen und ich schicke ein knappes Dankesgebet gen Himmel, als wir endlich in der

Küche sind und ich mich auf einen Stuhl setzen kann. Matti kramt den Verbandskasten aus dem Schrank.

»Arbeitest du schon lange mit Pferden?«, frage ich ihn, als er mir die kleine Wunde mit Wasser ausspült.

»Nein, ich interessiere mich erst seit vier Jahren für sie und will unbedingt später selbst Turnierpferde züchten. Am liebsten Hannoveraner. Ich bin mittlerweile echt gut und reite Turniere auf M-Niveau, die mittelschwere Klasse.«

Das Jod brennt wie Feuer und ich beiße die Zähne zusammen.

»Ich habe viel gelernt über den Reitsport und dieses Jahr wollte ich gerne noch Erfahrungen in Sachen Reiterferien und Kinderbetreuung sammeln«, meint er neckisch und ich schnappe nach Luft.

»Ich bin übrigens fünfzehn«, strafe ich ihn für seinen doofen Kommentar ab. Doch ich staune, wie geschickt er den weißen Verband um meinen Finger wickelt.

»Und viel wichtiger, ich möchte lernen zu tölten. Und den Rennpass zu reiten, soll schöner sein als fliegen. Gut, ich muss zugeben, ich sitze gerne etwas höher und nicht auf Zwergpferden, aber man sollte sich die Erfahrung, auf Fünfgängern zu reiten nicht entgehen lassen.« Er zwinkert linkisch und ich frage mich, warum mein Magen beginnt zu summen.

»Fertig«, haucht er und schaut mich unter langen Wimpern an.

»Nice.« Aber dennoch meldet sich Unmut in mir. Wie kann er es wagen, meine geliebten Islandpferde so abzuwerten. Das hat er doch gerade getan, oder?

»Aber eins solltest du wissen: es mag ja sein, dass Islandpferde nicht so groß sind wie Hannoveraner, aber sie sind nur etwas für sehr geschickte Reiter. Tölten ist eine Kunstform, die nur wenige überhaupt umsetzen können. Ich bin mal gespannt, ob du das packst, denn es erfordert eine besonders intensive Kommunikation mit seinem Tier und …«

Leider hab ich keine Zeit weiter auszuholen, denn etwas poltert im Flur und fordert meine ganze Aufmerksamkeit. Denn wenn eins nicht zusammenpasst, dann ist das Hufgetrappel und Parkett.

Ich springe auf, Matti folgt mir aus der Küche und wir werden mit einem freudigen Wiehern von Frekja begrüßt, die gerade ihre Nase aus dem Blumenbouquet nimmt. An ihrem rosa Halfter hängt ein loser Strick und schleift über den Boden.

»Mist«, knurrt Matti, der die Haustür offen stehen lassen hat. »Damit hab ich jetzt nicht gerechnet.«

»Offensichtlich.« Wer Frekja kennt, der weiß, dass sie sehr

an ihren menschlichen Freunden hängt, mehr als an Artgenossen, und ihnen wie ein Schoßhund überallhin folgt, wenn möglich. Und sie kann Knoten öffnen, wenn man sie nicht gut bindet.

»Da hat Aurelie sich ja mit ihrer Fürsorge übertroffen«, ätze ich gegen meine Cousine und es tut mir sofort leid, als Matti mir einen tadelnden Blick zuwirft. »Ich hätte es selbst machen sollen. Es ist meine Schuld. Und wer rechnet mit so einem verrückten Pferd?«

Verrücktes Pferd? Das wird ja immer besser.

»Wie edel von dir, dass du die Verantwortung übernimmst«, brumme ich und denke an den Tag, als Frekja fast bei Papa in den Minivan eingestiegen wäre. Es erstaunt mich immer wieder, wie wenig ihr Enge ausmacht.

Langsam gehe ich auf meine Stute zu, darauf bedacht, ihren dicken Hintern rückwärts zu manövrieren, ohne dass sie die Garderobe einreißt. Sie stellt sich stur und entzieht sich mir.

»Frekja«, locke ich, greife in ihr Halfter und meine Stute entdeckt einen Strohhut auf der Ablage der Garderobe. »Nein, der ist nicht lecker«, hauche ich, doch sie ist anderer Meinung und angelt weiter danach.

»Hol mal eine Möhre aus dem Kühlschrank«, fällt mir die Rettung ein und Matti verschwindet zurück in die Küche.

Ungeduldig reibt Frekja ihren dicken Kopf an meinem Bauch, fast bleibt mir die Luft weg, als sie in Richtung Treppe verschwinden will. Ob sie wie ein Spürhund erschnuppert, wo mein Bett ist?

»Stopp, bitte tu das nicht«, keuche ich, stemme mich gegen ihren Körper und rutsche auf dem glatten Boden aus. Ich bin kurz davor, in Panik zu verfallen. Matti hingegen bleibt cool. Keine Ahnung, wie er es macht, aber in dem Augenblick, in dem er Frekja anspricht, hat er ihre volle Aufmerksamkeit. Er macht sich groß, strafft sich, hält auf ihre Schulter zu und greift das Halfter. Leise schnalzend treibt er sie rückwärts, ganz gerade und zielsicher passiert der dicke Pferdehintern die Türschwelle. Zwei, drei weitere Schritte und das Pferd steht nicht mehr auf dem Flur, sondern draußen auf dem Hof und bekommt die Möhre ins Maul geschoben.

»Bist du ein Pferdeguru oder so was?« Das muss ich jetzt mal fragen. Er sieht nicht die Spur verlegen aus. »Vielleicht, ich kann einfach gut mit Pferden … und Frauen«, sagt er und tätschelt meine Stute.

»Hm«, mache ich nur, weil mir dazu wirklich nichts einfällt, und prompt kommt Oma um die Ecke. Sie hätte echt keine Minute eher auftauchen dürfen. Ich setze einen neutralen Gesichtsausdruck auf.

»Da seid ihr beiden ja. Wie schön, ihr habt euch schon kennengelernt«, stellt sie fröhlich fest und wischt sich eine lila Locke aus dem verschwitzten Gesicht. Sie muss schwer gearbeitet haben, ihre Wangen sind ganz gerötet.

»Wo ist denn Aurelie, ma Chérie?«, sagt sie mit übertrieben französischem Akzent und imitiert den Augenaufschlag meiner Cousine. Sie schaut sich um, lässt den Blick über den Hof schweifen und stützt sich auf ihre Schaufel.

»Wenn ich das wüsste.« Ich zucke die Achseln und Matti schließt unauffällig die Haustür, durch die eben noch ein Kleinpferd gelatscht ist.

»Ist nicht ganz so leicht für dich, oder?«, flüstert Oma in meine Richtung und zwinkert. »Aber ich verrate dir etwas, für deine Cousine auch nicht.«

Ich knirsche mit den Zähnen.

»Hübsch geputzt hast du deinen Liebling.« Oma betrachtet Frekja, die versucht an meinem Reißverschluss zu spielen.

»Und, wo ich euch beide gerade sehe, ich hätte euch drei gleich gerne auf dem Reitplatz.« Und an Matti gerichtet: »Mir hat ein Spatz gezwitschert, dass du noch eine Einführung in die isländische Reitweise brauchst.«

Frekja versucht ihren Kopf auf den Boden zu bekommen, um nach einer einsamen Butterblume zu angeln.

»Sie sind großartig, Frau Bruns, hat Ihnen das schon mal jemand gesagt?«, schmeichelt er geschickt. »Ich bin schon so gespannt, wie sich ein töltendes Pferd anfühlt.«

»Sehr schön, junger Mann. Nelly, du nimmst deine Frekja, wie gewohnt«, überlegt Oma nicht lange. »Und der charmante Matti kann Blakkur für sich fertig machen. Er ist ein zuverlässiger Naturtölter, das macht den Einstieg leichter. Und bringt für Aurelie bitte Blida, die Sanfte, mit.« Oma wendet sich zum Gehen in Richtung Scheune. »Ich hab leider noch etwas zu tun und wir treffen uns in etwa einer Stunde.« Sie winkt knapp und ich frage mich, warum sie schon den ganzen Tag so gehetzt wirkt, da fährt ein Wagen auf den Hof. Ein total teurer Protzwagen. Oma flucht etwas Unverständliches und geht hinüber. Ein Mann in Anzug steigt aus, den habe ich noch nie hier gesehen.

»Wer zum Geier ist das?«, flüstere ich.

Matti übernimmt Frekjas Strick und führt sie davon.

»Wenn du mich fragst, ist das ein Immobilienmakler.«

»Wie kommst du darauf?« Ich verrenke mir den Hals, während ich neben ihm und meinem Pferd hergehe und versuche zu verstehen, worüber Oma und der aalglatte Schnösel sich unterhalten. Das Gespräch wird jedenfalls immer hitziger, Oma stellt drohend die Schaufel zwischen sich und den Mann.

»Wenn du genauer hinsiehst, steht es am Wagen.« Matti deutet zum Auto.

Ich blinzle, und tatsächlich. Ich lese den Schriftzug: *Immowelt Henke & Sohn*.

»Was hat das zu bedeuten?« Oma ist definitiv schon die ganze Zeit, seitdem ich wieder hier bin, anders als sonst. Und jetzt das. Ich muss sie unbedingt in einer ruhigen Minute erwischen und ihr auf den Zahn fühlen.

# Zauberhafte Zeilen

Die Sonne scheint auf Mister Perigrims Federkleid und lässt es leuchten. Er stolziert eine Weile vor uns her und geht dann zurück zu seinem Hofstaat. Frekja folgt mir nach der Reitstunde willig zur Koppel und ich berate mich mit ihr, wie ich am besten mit Aurelie umgehen soll.

»Ich weiß nicht, wie du das siehst. Aber wie soll ich ihr das Reiten näherbringen, wenn sie fürchtet, nach Pferd zu riechen, bis sie achtzehn ist, falls sie es berührt?« Frekja brummt leise. Ich mag es, wenn sie sich mit mir unterhält.

»Sie ist so stur. Die arme Blida war total enttäuscht, dass sie nicht mal aufgesessen hat.« Frekja nickt zustimmend.

»Wenigstens hatte Matti seinen Spaß«, erinnere ich mich an seine ersten Versuche zu tölten. Blakkur ging tatsächlich zunächst etwas Bequemes, das von links nach rechts schwang. Aber es war kein Tölt. Oma nannte es Schweinepass, was Matti ganz schön frustrierte. Tja, einen Isländer zu reiten, ist halt doch sehr anspruchsvoll. Trotz geringem Stockmaß. Zwergpferd. Pah!

Aber dann verstand Blakkur endlich seine noch ungeübten Hilfen und entspannte sich. Mattis Lächeln, das darauf folgte, war einfach unbezahlbar und hat mich so sehr abgelenkt, dass ich sogar die meckernde Aurelie und die ungewöhnlichen Vorkommnisse der letzten Zeit vergaß. Ich hatte vorhin mitbekommen, wie Oma eine hitzige Verhandlung mit einem Trödelhändler geführt hat, der sich Dinge aus Omas Fundus ausgesucht hatte. Warum will sie plötzlich so viele Dinge loswerden, an denen sie hängt? Frekja stupst meine Hand, während ich ihr das Tor zur Koppel öffne.

»Du machst dir jetzt eine schöne Zeit mit deinen Freunden«, sag ich zum Abschied. »Und ich helfe den anderen zu entrümpeln.«

Frekja schnaubt widerwillig. Sie will nicht zu ihrer bunten Herde, würde wahrscheinlich lieber die alte Leiter hinauf zum Dachboden der Scheune klettern, wenn sie dafür bei uns bleiben könnte. Wir haben schließlich die Kekse und Äpfel. Und die besten Hände zum Mähnekraulen.

Ich wende mich schweren Herzens ab, meine Stute schaut mir sichtlich enttäuscht nach und ich beeile mich, Oma zu Hilfe zu kommen.

In der Scheune lichtet es sich bereits. Tische und Stühle werden gerade von Matti hinausgetragen, der allerlei Akrobatik damit anstellt, der Angeber. Jetzt muss der Dachboden noch gesichtet werden.

Aurelie hockt schon zwischen Spinnenweben und niest herzhaft, als ich endlich zu ihr stoße.

»Bien. Du bist auch hier. Du hast dir ja Zeit gelassen«, begrüßt sie mich mit Sarkasmus.

»Zeit ist relativ, sagte schon Einstein.«

»So kann man auch andere die Arbeit erledigen lassen, oui?«, sagt sie und pustet mir den Staub eines uralten Schrankes entgegen. Wie man den wohl hier heraufbefördert hat?

»Das sagt die Richtige«, brumme ich. »Außerdem ging es wirklich nicht schneller«, verteidige ich mich. »Das wüsstest du, wenn du dich auch mal mit den Tieren beschäftigen würdest.« Die letzten drei Tage, in denen wir Zaumzeug und Sättel geputzt und geölt hatten, war Aurelie die meiste Zeit verschwunden. Wenigstens half sie in der Küche und kochte uns Spaghetti mit Tomatensoße, wenn Oma nicht wusste, wo ihr der Kopf stand. Die waren wirklich sehr gut, das muss ich ihr lassen. Und sie füttert verdammt gerne Mister Perigrim und seinen Hofstaat eitler Vögel. Aurelie hat ein Herz für diese Tiere.

»Denkst du, der Schrank muss heile unten ankommen?«, fragt sich meine Cousine und schielt hinunter, wo Oma mit dem Trödelhändler erneut heiß diskutiert, welchen Wert die alten Milchkannen haben, für die er sich interessiert. Es könnte dauern, bis die sich einig werden.

»Wenn Oma den Schrank auch verkaufen will, dann schon.« Ich lasse meine Finger über die wurmstichigen Ränder fahren und zerre an einer Schublade. Sie klemmt und ächzt unter meinem Bemühen.

»Man könnte aber einfach Feuerholz draus machen«, meint Aurelie ungerührt, stapelt alte Zeitschriften in einen Karton und wischt sich angewidert die Hände an ihrer Hose ab. »Pfui, so viel Dreck.«

»Den oberen Teil des Schrankes kann man abnehmen«, entdecke ich und stemme mich gegen das massive Stück. Es rutscht zur Seite und plötzlich fällt die eben noch klemmende Schublade heraus und trifft Aurelies Fuß. Hoppla.

»Merde!«, faucht sie. Hübsches Wort für *Scheiße*. Ich beiße mir auf die Unterlippe, will mich gerade entschuldigen, da donnern Hunderte französische Worte auf mich ein, die bestimmt nicht nett gemeint sind.

Ich weiche zurück, bevor sie mir eine scheuern kann, und versuche auch zu Wort zu kommen.

»Das war übrigens nicht meine Absicht«, schaffe ich es irgendwann einzuwerfen und sie blitzt mich feindselig an, lässt sich neben dem Karton mit uralten Zeitschriften nieder und zieht ihren Schuh aus.

»Das wäre ja wohl noch schöner«, murmelt sie.

Mein Blick bleibt auf einem kleinen Buch mit Ledereinband hängen, das aus der Schublade gefallen sein muss. Es ist geprägt mit Rautenförmigen Mustern und von einem hellen Braun.

»Beiliger Himbam, äh, heiliger Bimbam, was haben wir denn da?«, frage ich eher mich selbst und hebe es auf.

»Einen blauen Zeh, wonach sieht es für dich denn aus?«, knurrt meine Cousine. Aurelies Gesicht verzieht sich schmerzlich und sie humpelt zur Leiter. »Ich muss mir da Eis drauflegen, sonst pass ich den Rest der Ferien in keinen Stiefel mehr.«

»Verstehe.« Ich schaue ihr betroffen nach, klammere mich an das gefundene Buch.

»Gar nichts verstehst du«, brummt sie und steigt hinab, ohne mich auch nur noch einmal anzusehen.

»Soll ich mitkommen?«, rufe ich ihr nach. »Brauchst du vielleicht Hilfe?«

»Bloß nicht.«

Ich seufze. Unsicher steige ich von einem aufs andere Bein. Ich weiß einfach nicht, wie ich mit Aurelie umgehen soll. Obwohl wir die letzten Abende durchaus mal nette Gespräche hatten, ist da diese unüberwindbare Mauer zwischen uns.

Ich atme laut aus, lehne mich an den blöden Schrank, dessen Schublade für neuen Ärger im Paradies gesorgt hat. Es wird still hier oben zwischen den alten Gartengeräten, Möbeln und Heuballen. Ich wische mir Schweiß von der Stirn und schlage vorsichtig das kleine Buch auf.

In geschwungenen Buchstaben stehen ein Datum und Name auf der ersten Seite geschrieben. Darunter scheint ein Tagebucheintrag zu sein:

Nonni Helguson, 2. August

Das Wort »Einsamkeit« verstand ich erst, als ich hier in diesem Krankenhaus aufwachte. Seitdem mich das gleichmäßige Piepsen von Apparaturen begleitet und meine Träume füllt.
Was war nur in den letzten Tagen geschehen? Und wo ist mein Vater? Er ist wie vom Erdboden verschwunden.
Manchmal nimmt er sich Freiraum, wie er es nennt. Für seine Ahnenforschung zum Beispiel. Er geht und kommt irgendwann zurück, als wäre es das Normalste der Welt, sich eine Auszeit von der eigenen Familie zu nehmen.
Aber diesmal habe ich das dumpfe Gefühl, dass er nicht zurückkommt.

Einsamkeit … Mein Vater hat sich oft einsam gefühlt, hatte er mir erzählt. Als wir noch auf Island lebten, sehnte er sich zurück in seine Heimat nach Deutschland. Nach Schleswig-Holstein, wo einst sein Ahne lebte und wir uns Papa zuliebe erneut niederließen. Einsamkeit, ich kannte dieses Wort nie mit dem Herzen.
Und schon gar nicht konnte ich es mit meiner Insel aus Vulkanen und Eis in Verbindung bringen, wie Papa es tat. Ich selbst war immer eins mit der Natur, dem Himmel und dem Meer gewesen, schon als ich noch ganz klein war.
Ich liebe Island mit seinen Weiten und Tiefen. Der Mensch wird ganz klein und staunt im Angesicht der Schönheit aus Feuer und Eis, sagt meine Mutter gerne. Wenn die Sonnenstrahlen durch dichte Wolken brechen und Hänge golden glitzern lassen, füllt mich dieser Anblick mit Leben.
Und ich liebe es, die moosigen Pfade zu Pferd zu bewandern. Das konnte ich tagelang machen. Und bis ich fünfzehn Jahre alt war, dachte ich, ich würde nie etwas anderes tun, als diese Freiheit zu genießen.
Und nun liege ich hier in diesem Bett. Mit einem Stift in der Hand, dessen Feder dunkle Tintenflecke hinterlässt. Und ich zermartere mir mein Hirn: Ich kenne meine Herkunft, meinen Namen und doch fehlen mir so viele Teile meines Selbst, seitdem ich hier im Krankenhaus aufwachte. Sie sind mit einem Schleier überzogen und

so sehr ich versuche ihn zu lüften, so sehr verschwimmen meine Erinnerungen an die letzte Zeit.

Meine Mutter sagt mir, ich solle mir einfach alles von der Seele schreiben, was mir in den Sinn kommt. Dass es mir helfen wird, mich wiederzufinden und die letzten Tage neu zusammenzusetzen, wenn ich diese ganzen Worte, die mir durch den Kopf gehen, in das Buch schreibe.

Ich denke, das Einzige, was mir wirklich helfen könnte, ist mein Pferd. Mit Nykur wäre alles leichter. Wenn ich die Augen fest schließe, kann ich ihn vor mir sehen. Seine wissenden dunklen Augen, sein rabenschwarzes Fell und den winzigen Stern unter der dichten Mähne. Ich kann ihn sogar riechen, wenn ich mich lange genug konzentriere.

Doch ein Wiedersehen mit ihm, wird noch lange nicht stattfinden. Denn mit so vielen gebrochenen Knochen, wie ich sie habe, ist eine Rückkehr zum Hof noch eine ganze Weile unmöglich.

Ich schlafe viel, träume von reißenden Wassern, die mich mit sich zerren. Und wenn ich mit einem Schrei erwache, habe ich das Gefühl zu ertrinken.

»Kannst du dich denn gar nicht daran erinnern, wie du an den Strand des Sees gekommen bist?«, fragt meine Mutter mich immer wieder, wenn ich aus diesem Albtraum erwache. »Und wo hast du deinen Vater das letzte Mal gesehen?« In ihren Augen schwimmen

Tränen, wenn sie die Fragen ausspricht, und ich möchte selbst heulen, tue es aber nicht.
Ich muss stark sein, schließlich stammen wir von den Nordmännern ab. Einem kriegerischen Volk, das drei Jahrhunderte lang ganz Europa in Angst und Schrecken versetzt hatte und schließlich eine Vulkaninsel bevölkerte, deren Natur nicht rauer und unwegsamer sein konnte.
Papa war so stolz auf seinen Stammbaum, der weit zurück in die Zeit der Wikinger reicht. Er erzählte jedem, der es hören will, von Erik dem Roten, der einst in Haithabu lebte. Einer uralten Handelsstadt in Schleswig. Unweit von unserem Hof in Deutschland, auf dem Mama jetzt Islandpferde züchtet.
Habe ich gerade in der Vergangenheitsform über meinen Vater geschrieben? Als wäre er tot?

»Nelly!«, brüllt es plötzlich zu mir herauf und ich lasse das Buch sinken.

»Ja, anwesend«, antworte ich etwas zu schrill und betrachte das Lesezeichen, das in ihm liegt. Es ist eine Art Amulett oder sehr große Münze an einer Lederkette. Die Kanten sind scharf, in der Mitte befindet sich ein Symbol, das weit hervorsteht. Es sieht ein bisschen so aus wie ein Fisch, der von einem Dreijährigen gemalt wurde.

Ein alter Flummi fliegt zu mir herauf, hüpft über den Boden und ich gehe zur Leiter.

»Nelly, das musst du sehen, komm mit«, zischt Aurelie und fuchtelt mit den Händen und ich stecke die Kette in die Hosentasche. Ich beeile mich, nach unten zu kommen, ohne zu fliegen, das Buch fest in der Hand. Die Zeilen aus ihm schwirren noch in meinem Kopf umher und tausend Fragen werden laut. Wer ist Nonni? Wieso liegt dieses Tagebuch versteckt in diesem Schrank und weiß Oma davon? Was war mit Nonni passiert?

»Ich hab das Gefühl, es gibt gleich Mord und Totschlag auf dem Hof.« Meine Cousine klingt verflixt vergnügt, bei dieser Vermutung und lotst mich aus der Scheune in Richtung Lastwagen, auf dem sich Omas alte Schätze stapeln. Zwei Gründerzeit-Sessel, Schränke, Tische und Kisten, die aussehen, als hielten sie Gold und Silber bereit. Matti, der beim Verladen geholfen hat, steht etwas abseits und macht Fotos von den Objekten. Er kniet sich hin, stellt sich als Nächstes auf einen Stuhl, versucht immer neue Perspektiven für seine Bilder zu finden.

»Sehe ich aus, als wäre ich von gestern?«, fragt Oma jetzt gefährlich leise und Aurelie grinst breit. Ich für meinen Teil, habe Oma noch nie so sauer gesehen. Die Diskussion scheint also immer noch anzudauern.

»Ich kann Ihnen nicht mehr bieten, ich muss schließlich auch erst einen Käufer für den Kram finden«, entgegnet der Trödler, ein hagerer Mann mit Schnauzer, und guckt unschuldig.

»Wissen Sie, werter Herr, ich weiß genau, was mein *Kram* …«, sie malt Gänsefüße in die Luft, »… wert ist. Ich lasse mich nicht beschupsen.«

»Unterstellen Sie mir bitte nicht so eine Ungeheuerlichkeit, das hört sich ja an, als würde ich Sie betrügen wollen.« Er macht eine bedeutungsschwere Pause, Oma verschränkt die Arme. »Wenn Sie es selbst an Interessenten verkaufen wollen, dann können Sie ganz vielleicht mehr verlangen. Ich bin Zwischenhändler. Ich werde noch Aufbereitungskosten haben und muss ja schließlich einen Gewinn verbuchen können.«

»Ein Gewinn für die Menschheit wäre Fairness, buchen Sie sich schon mal einen Platz in Fahrtrichtung Hölle«, murrt Oma ungerührt.

»Gleich haut sie dem eine rein, wetten?« Aurelie hat sichtlich Spaß und bevor sie Oma noch anfeuern kann, mische ich mich ein.

»Wir können auch alles wieder abladen«, schlage ich vor, Matti seufzt leise bei meinen Worten und packt schon mal seine Kamera ein. In seinen Haaren kleben Spinnenweben und er sieht ziemlich fertig aus.

»Ja, das werden wir wohl tun müssen.« Oma erklimmt als Erste die Ladefläche und der linkische Mann reagiert.

»Na gut, weil Sie es sind. Machen wir eine Runde Summe draus. Eintausend Euro für das Gerümpel. Schlagen Sie ein?«

Omas Halsschlagader schwillt bei dem Wort Gerümpel an, doch sie stimmt stumm mit einem Handschlag zu.

Matti sieht zu, dass er wegkommt, Aurelie sieht etwas enttäuscht aus.

»Hätte ich ja nicht gemacht«, lässt sie Oma wissen, während sie dem Jungen, der sich eine Dusche wirklich verdient hat, folgt. Ich lege Oma eine Hand auf die Schulter. Sie wirkt so verloren, als der Mann ihr sein Geld in die Hand drückt, die Ladefläche schließt und sich ans Steuer schwingt. Ich wette, er hat kein schlechtes Geschäft gemacht.

»Jetzt ist wenigstens alles schön aufgeräumt. Nur noch ein bisschen den Besen schwingen und die Scheune glänzt«, versuche ich sie aufzumuntern.

»Ja, das stimmt«, knurrt sie und schaut in die Ferne.

»Und du hast noch Erinnerungsstücke auf dem Heuboden. Ich habe einen alten Schrank entdeckt«, sage ich und zeige ihr das alte Buch.

Ihr Handy klingelt, sie hebt ab und lässt mich einfach stehen. Komisch. Es scheint kein Gast zu sein, der sich ankündigt, um bei ihr Ferien zu machen. Eher jemand, den sie so gar nicht sprechen will.

# Zuckerfurz

Entschlossen stemme ich mich aus den Kissen und klopfe an die obere Etage des Bettes. Die Sonne heizt das Zimmer bereits auf und ich blinzle auf den alten Polly-Pocket-Wecker. Schon acht Uhr, jetzt wird es Zeit.

»Wach werden«, zwitschere ich und plötzlich baumelt ein Bein über den Rand des Bettes. »Wir haben viel vor, also trödle nicht wieder so.« Aurelies Käsefuß versperrt mir den Weg, als ich aufstehen will, und ich stupse ihn mit einem Finger an.

»Du bist echt die Pest«, begrüßt mich Aurelie und linst zu mir herüber. Ihre rabenschwarzen Haare glänzen im Licht, das durch den Vorhang fällt. Ich tänzle zum Schrank, reiße mir eine frische Reithose und ein schlichteres T-Shirt heraus, das möglichst wenig Rosa hat.

»Die Pest ist ausgerottet«, sage ich und zerre mir das Nachthemd über den Kopf. Ungelenk schlüpfe ich in BH und Hose.

»Das ist nicht ganz richtig, es gibt sie noch, in Zeiten von Antibiotika nur eher selten. Sie wird von irgend so ’nem Rattenfloh übertragen«, sinniert Aurelie und gähnt.

»Kommst du jetzt, oder was?« Ich gucke sie herausfordernd an und versuche eine Braue auf genau die Weise hochzuziehen, wie sie, wenn sie meint, ich hätte was Dummes, *stupides* gesagt.

»Es kommt was ganz anderes.« Sie hebt die Decke und pupst. Und zwar so laut, dass ich automatisch rückwärtstaumle.

»Boah, echt? Du bist abartig!« Ich schnappe mir den Rest der Klamotten und stürze auf den Flur. Leider habe ich keine Zeit zu bremsen und stoße frontal mit Matti zusammen.

»Ich bin ja einiges gewohnt, aber so stürmisch ist mir noch kein Mädchen in die Arme gelaufen«, sagt er. Meine Hände fallen auf seine Brust, meine Klamotten segeln zu Boden.

»Sorry.« Mir wird schlagartig klar, dass ich halbnackt bin, und werde knallrot.

»Kein Problem. Immer wieder gerne.« Sein Mundwinkel zuckt zu einem süßen Lächeln. »Hey, wie wäre es nachher mit einem Ausritt? Nur du und ich?«

Mein Mund wird ganz trocken.

»Ich könnte dir auch bei deiner Haltung zu Pferd behilflich sein. Deinen Sitz etwas korrigieren«, schlägt er vor und grinst dabei herausfordernd.

»Ich denke, ich sitze wunderbar. Frekja hat sich noch nie beschwert.« Was bildet er sich denn ein, mich unterrichten zu wollen? Ich hatte die beste Lehrerin der Welt, meine Oma!

Er wischt sich lässig sein Haar aus der Stirn und lässt seinen Blick wandern. »Sag einfach Bescheid, wenn du etwas Wissen aus den besten Ställen Deutschlands gebrauchen kannst.«

Ich rolle demonstrativ mit den Augen, wende mich ab, lasse ihn einfach stehen und verschwinde ins Badezimmer. Super. Das war peinlich. Und ärgerlich.

Mein Blick bleibt am halbblinden Spiegel hängen und ich entdecke das Vogelnest an meinem Hinterkopf.

»Verdammt noch mal«, knurre ich und greife die Bürste. Ich beiße mir auf die Lippe und betrachte mich eingehend. Wenn ich mich selbst machen könnte, würde ich so einiges an meiner Ausstattung verändern. Angefangen bei den Brüsten, die nur ein winziges A-Körbchen haben und mir doch etwas dürftig erscheinen. Ich seufze mit Blick auf den Spiegel und lasse das Waschbecken einlaufen.

Wenig später frühstücken wir zusammen und lauschen Aurelies Ausführungen über Tierwohl, Fleischkonsum und das Weltklima. Ich höre nur mit einem halben Ohr zu und schmiere mir Nussnugatcreme aufs Brot.

»Manchmal ist es eine Kostenfrage, ob man sich Bioprodukte auch leisten kann«, sagt Oma. Bei diesem Satz horche ich auf. Und mein Brot kratzt im Hals, als sich mir plötzlich ein Verdacht aufdrängt: Hat Oma Geldsorgen? Und wenn ja, wie schwerwiegend sind sie?

Heute liegt Regen in der Luft. Ich schlendere hinüber zu den Weiden, auf denen die bunte Herde steht und grast. Während ich auf den Zaun klettere, stoße ich einen schrillen Pfiff aus, den Oma mir beigebracht hat, und all die schönen Feuerpferde heben ihre Köpfe. Dicke Mähnen fliegen und die ersten Tiere setzen sich in Bewegung. Eine Stute hat ein wunderschön geschecktes Fohlen bei Fuß. Blakkur, der älteste Wallach, galoppiert aus dem Stand an und übernimmt die Führung. Ich springe vom Zaun, öffne das Gatter zu den Paddocks und versinke in dem wundervollen Anblick, der auf mich zustürmenden Herde. Harte Hufe donnern auf den Boden. Es ist wie jedes Mal ein Schauspiel und die Tiere wissen genau, was sie zu tun haben. Kurz darauf stehen wir mit einigen von ihnen in der Stallgasse. Matti putzt Blakkur und legt ihm eine Satteldecke auf, die er sich flink wieder vom Rücken zieht. Diesen Scherz hat er schon als Jungpferd gemacht und ich muss lachen, als Matti mit Sattel auf dem Arm irritiert vor dem Rappen steht.

»Dort unten, vorm Putzkasten«, sage ich und deute nach vorne. »Du musst schnell sein, sonst veräppelt dich Blakkur den ganzen Tag.«

»Danke für den Tipp«, antwortet Matti und angelt nach der Satteldecke. Beinahe schafft er es, den Sattel aufzulegen, bevor sie wieder von Blakkur heruntergezogen wird.

Hufgetrappel nähert sich. Oma hat Sindri, die Funkensprühende, was die Übersetzung ihres Namens bedeutet, am langen Strick und bringt sie ebenfalls zum Putzplatz. Die Schimmelstute steckt bis zum Hals in einer Fliegendecke.

»Ist Sindri krank?«, will Aurelie wissen, die sich zu uns gesellt und das eingemummelte Pferd skeptisch mustert.

»Nein, sie ist allergisch auf die Kriebelmücke und bekommt davon oft ein Ekzem«, erklärt Oma. »Manchmal kommt es vor, dass Islandpferde, gerade wenn sie importiert sind, empfindlich auf die Nahrungsumstellung reagieren und dann eben auch mit Allergien zu tun haben.«

Oma nimmt die Decke ab, meine Cousine atmet scharf ein, als sie eine Scheuerstelle an Sindris Schweif entdeckt, die ganz wund ist. »Ich hatte als Kind mit Neurodermitis zu tun«, sagt sie mitfühlend. »Das war nicht lustig.«

Ich kann mich noch daran erinnern, dass sie ständig rote Flecken im Gesicht und am Körper hatte, die wahnsinnig gejuckt hatten. Sie musste lange Bäder nehmen und ständig eingecremt werden. Nach dem plötzlichen Tod ihrer Mutter war es besonders schlimm. Da war sie, glaube ich, sechs Jahre alt gewesen und oft bei uns zu Besuch. Ich weiß noch, dass ich nicht verstehen konnte, was passiert war, und ich wahnsinnig Angst bekam, dass meiner Mutter auch etwas geschehen könnte. Damals verstanden Aurelie und ich uns ganz gut, wir schliefen sogar in einem Bett, wenn sie Albträume hatte. Und ich hielt die ganze Nacht fest ihre Hand in meiner.

Oma streichelt Sindris Hals. »Sie wird jetzt wieder eingecremt und bald ist wieder alles abgeheilt.«

»Und sie muss immer in diese Tüte eingewickelt werden?«, hakt Aurelie nach. Zögerlich hält sie der Stute ihre Hand entgegen und Sindri schnuppert daran.

»Pass auf, Sindri ist eigentlich immer schlecht drauf«, warne ich sie und denke an einen unangenehmen Winter, an dem sie mich in den Oberarm biss. Und zwar mit Schmackes, ich weiß immer noch nicht, was ich damals falsch gemacht habe.

»Die tut mir nichts«, antwortet Aurelie mit wackliger Stimme und streicht der Stute über die Stirn. Ihre Hand verschwindet in der dicken Mähne und ich rechne jeden Moment damit, dass Sindri die Ohren drohend anlegt, doch es passiert nicht.

»Aurelie, Schätzchen? Kannst du mir bitte Sindris Putzkiste aus der Sattelkammer holen?«, fragt Oma nett. Doch Aurelie verdreht nur die Augen und nimmt einfach den erstbesten Kasten, den sie sieht. Frekjas, um genau zu sein.

»Nein, du musst schon ihren eigenen Kasten holen«, bittet Oma und ich kann nicht fassen, dass meine Cousine es schon wieder tut. Jedes Mal wenn sie sich ein wenig öffnet, macht sie sofort wieder dicht, sobald ihr etwas nicht passt. Sie ignoriert einfach mit Absicht, dass es Dinge gibt, an die man sich halten muss. Dabei hatte ich ihr gestern schon erzählt, dass jedes Tier seine eigenen Sachen hat, weil sonst auch Krankheiten übertragen werden können. Das haben wir uns ja nicht ausgedacht, es geht hierbei um das Wohl der Tiere!

»Aurelie kapiert das nie«, sage ich laut und werfe ihr einen vielsagenden Blick zu. Wenn die Tiere durch ihre Trotzigkeit zu Schaden kommen, sehe ich echt rot. Frekja stimmt mir brummend zu.

»Halt die Klappe«, motzt meine Cousine. Jetzt legt Sindri doch die Ohren an und schlägt nervös mit dem Schweif.

»Ich denk nicht dran.« Mit Schwung drehe ich mich um, stapfe zur Sattelkammer und bringe den richtigen Kasten fürs Pferd mit. »So, bitte sehr, Madame. Wenn Ihr dann so gnädig wärt, den richtigen Kasten zu benutzen«, sage ich zu

Aurelie, die ihre Augen wütend verengt. Matti ignoriert unser Zickengefecht, indem er fleißig striegelt und dabei ein Lied pfeift.

»Kinder, ich möchte, dass ihr euch vertragt«, bittet Oma und faltet die Fliegendecke zusammen. »Das ist ja wie im Kindergarten mit euch beiden.«

»Da muss ich zustimmen«, mischt sich Matti nun doch ein und ich werde wieder einmal rot vor Scham. Aurelie reißt mir den Kasten aus der Hand, öffnet ihn mit einem Scheppern und greift sich die Kardätsche. Sindri rollt mit den Augen und ich kann die Stute verstehen. Ich hätte auch Schiss, wenn jemand auf diese Art und Weise versucht, mir mit einer Bürste auf die Pelle zu rücken.

Oma legt ihre Hand in Aurelies Rücken, manövriert sie an die Seite des Pferdes und zeigt ihr, wie sie das Fell bearbeiten muss. »Immer schön mit dem Strich«, sagt sie und führt ihre Hand mit dem Verlauf des Fells. Sindri weicht aus, hebt plötzlich ihr Bein und tritt in Aurelies Richtung. Meine Cousine erschrickt so sehr, dass sie ungalant zurücktaumelt, über den Putzkasten fällt und auf dem Hintern landet.

Oma will ihr aufhelfen, doch die schlägt nach ihrer Hand.

»Du musst alles mit ein bisschen mehr Ruhe machen«, sagt Oma und ihr Ratschlag kommt gar nicht gut an.

»Ihr könnt *mich* alle mal in Ruhe lassen«, zischt meine Cousine, steht auf und funkelt mich böse an. »Ich hab keinen Bock auf diese ganze *merde* hier. Ihr bürstet *mich* gegen den Strich. Und außerdem sollten Pferde abgeschafft werden, die treiben den $CO_2$-Ausstoß in die Höhe, genau wie Kühe, und sorgen somit für den Treibhauseffekt.« Sie steht auf und kickt die Kardätsche durch den halben Stall. Was zur Hölle ist denn plötzlich in sie gefahren?

»Auch wenn man Zucker furzt, stinkt's«, kommentiert Matti das Ganze mit einem überaus schlauen Spruch, doch meine Cousine hört das gar nicht mehr, denn sie rauscht einfach ab.

»Himmel, Barsch und Zwirn«, haucht Oma und fasst sich an die Brust.

Ich schnappe nach Luft, laufe meiner Cousine nach.

»Aurelie warte, lass uns drüber reden!«, rufe ich ihr nach. Ich presche hinaus, greife nach ihrer Hand. Sie schüttelt mich ab.

»Geh in die Wüste, staubsaugen, Nelly«, faucht sie.

»Es tut mir leid, okay?« Ich renne in sie hinein, als Mister Perigrim unseren Weg kreuzt und einen lauten Schrei ausstößt. Gott, manchmal hab ich echt Angst vor dem Vogel.

»Lass mich, sonst klatscht es.« Aurelie ordnet ihre Gesichtszüge. Ich hebe abwehrend die Hände.

»Merkst du noch was? Du machst Oma das Leben schwer.«

»Ich etwa allein?« Sie hebt ihre Brauen und in ihren Augen schimmern plötzlich Tränen.

»Nein, wir mit unseren Streitereien. Wir müssen ihr das Leben nicht noch schwerer machen, als es eh schon ist. Ich habe den Eindruck, irgendetwas ist hier im Gange«, vermute ich und denke an ihre Laune und das untypische Verhalten der letzten Tage.

Ich reiche meiner Cousine die Hand. »Frieden?«

Sie zögert, schlägt dann ein. »Na gut, weil du es bist«, sagt sie und ringt sich ein Lächeln ab. Ich atme auf.

»Und wo ist Oma jetzt?«

Ich schaue mich um. »Ich fürchte, sie hängt sich gerade irgendwo auf, weil sie mit uns überfordert ist.« Ich zucke die Achseln und Aurelie stößt hart die Luft aus.

»Weißt du, dass du doof bist, wenn du versuchst, lustig zu sein?« Sie lässt meine Hand nicht los und macht kehrt, in Richtung Stall. »Und ich reiße dir nur nicht den Kopf ab, weil Oma dann traurig wäre. Damit das klar ist.«

Ich grinse, als sie sich über die Schulter zu mir umsieht.

»Ja, schon klar.«

Plötzlich rauscht ein Fahrzeug heran. Es ist der teure Wagen von vor ein paar Tagen. Der Mann in Anzug, der Immobilienmakler, drückt zur Begrüßung kurz auf die Hupe und parkt vor dem Haus.

Aurelie und ich wundern uns und stellen unser Gestichel ein.

»Herrlicher Tag heute, Kids. Wo kann ich denn Frau Bruns finden?«, fragt er uns und fummelt an seinem Schlips herum.

»Was für ein Lackaffe«, flüstert Aurelie mir zu und die Beschimpfung klingt mit ihrem französischen Akzent beinahe süß.

»Gar nicht, sie ist gar nicht zu finden«, antworte ich schnell.

Er bleibt stehen, lächelt uns weiter an. »Das ist aber schade, ich war mir sicher, dass ich sie heute hier antreffen würde.«

»Sicher ist mit Sicherheit nichts im Leben«, säuselt meine Cousine und ich frage mich, ob es mich beunruhigen sollte, dass sie sich bei dieser Aussage an ihr Kreuz an der Kette greift.

»Was möchten Sie denn von unserer Großmutter?«, wage ich die Frage. Der Mann macht sich noch ein bisschen gerader, ob er einen Stock im Hintern hat, als Ersatz fürs Rückgrat?

»Oh, das möchte ich mit eurer Oma besser selbst besprechen«, meint er und blickt sich um. »Hach, es ist so zauberhaft hier.«

»Das täuscht. Alles marode«, behauptet meine Cousine.

»Der Charme alter Tage, nicht wahr?« Der Typ grinst und

in dem Moment kommt Mister Perigrim mit seinem Hofstaat um die Ecke und vervollständigt das zauberhafte Bild des kleinen Anwesens. Er sendet seinen Ruf aus und schlägt sein wunderschönes Rad, die anderen machen es ihm nach. Dieses Spektakel ist jedes Mal ein Vermögen wert und ich verfluche das *stupide* Vieh für sein Timing.

Dann taucht Oma auf, kommt strammen Schrittes zu uns herüber und schickt uns zurück zu den Pferden. Wir gehorchen, denn sie würde keinen Widerspruch dulden, so wie sie gerade drauf ist.

Später, als der teure Wagen samt unangenehmem Inhalt wieder weg ist, machen Aurelie und ich uns auf die Suche nach ihr. Wir finden sie inmitten der beinahe leeren Scheune vor der Kutsche stehend. Mein Magen krampft.

»Oma, wir haben entschieden, uns beide zusammenzuraufen«, sage ich halblaut und Aurelie verpasst mir einen Stoß in die Rippen. Sie deutet auf Omas zitternde Hände.

»Oma, was ist los? Was wollte der Typ?«, will ich wissen. Oma setzt sich auf einen einsamen Heuballen und klopft neben sich.

»Es sind schwierige Zeiten, meine Süßen. Und der *Typ*, wie du ihn nennst, ist ein Makler, der für eine Klienten ein romantisches Domizil sucht, dass zu einem kleinen Wellnesshotel werden könnte. Aber das soll euch nicht die Ferien verderben.« Ihre Hand streift die meine und sie weicht meinem Blick aus. Aurelie wird ganz ruhig, unheimlich still, als würde sie nicht mehr atmen.

»Was soll das bedeuten?« Meine Gedanken werden schneller, drehen sich im Kreis und brüllen mir schreckliche Dinge zu. »Kannst du den Hof nicht mehr behalten? Musst du ihn verkaufen?« Oh Gott, nein! Mein Lieblingsort auf der ganzen Welt soll zu einem bescheuerten Hotel werden? Am besten noch mit Tennisplatz, Schlammbaden und Fangopackungen. Bah.

Oma antwortet nicht gleich. Aurelie nimmt auch neben ihr auf der anderen Seite Platz. Ich kuschle mich dicht an ihre Seite, atme ihren vertrauten Duft nach Lavendel und Pferd ein.

»Es kann sein, dass ich ihn aufgeben muss«, sagt sie tonlos. »Jedes Jahr kommen weniger Gäste, diesen Sommer haben sich bis jetzt nur sechs Kinder angemeldet.«

Ich fasse es nicht. »Aber das verstehe ich nicht. Alle lieben Pferde.« Dachte ich zumindest immer.

»Mag sein, aber ich ahne, dass die meisten Kinder lieber mit einer App auf dem Handy reiten und striegeln«, fürchtet meine Oma, macht sich von uns frei und erhebt sich müde wieder. Ich schlucke, doch der Kloß in meinem Hals will nicht weggehen. Ich dachte immer, ich würde den Hof irgendwann übernehmen. Für mich war das ganz klar …

»Kann ich euch kurz allein lassen?«, fragt Oma und geht, ohne eine Antwort abzuwarten. Wir bleiben geschockt zurück. Mit einem Schrecken im Bauch, den ich kaum bezwingen kann. Das darf alles nicht wahr sein! Das ist ein Albtraum. Wenn der Hof verkauft wird, was wird dann aus meiner Oma? Sie kann doch gar nicht ohne ihn leben, sagt Mama immer. Und was passiert mit den Pferden? Was geschieht mit Frekja?

Der Tag vergeht. Wir räumen auf und haben alle Pferde bereit gemacht. Und wir grübeln, wie wir an Gäste kommen können, damit Oma Geld verdient.

Doch bis zum Abend fällt niemandem etwas Schlaues ein.

Ich kann nicht einschlafen und lese, um mich abzulenken, in dem gefundenen Tagebuch.

10. September

Die letzten Tage im Krankenhaus vergingen wie in Zeitlupe. Ich war heilfroh, als ich endlich von den piepsenden Geräten befreit wurde und ein Arzt mir sagte, dass ich das erste Mal in einem Rollstuhl herumgefahren werden darf. Mama war selig darüber und zeigte mir das ganze Gebäude, samt Aufenthaltsraum. Als ich einen Blick in den Spiegel werfen konnte, stellte ich fest, dass ich plötzlich viel älter aussehe als sechzehn Jahre. Am Ende bin ich durch einen Zeitstrudel gefallen, ohne dass ich mich erinnere. Am Ende habe ich ein ganzes Leben bereits gelebt, ohne dass ich es weiß …

Was für dämliche Ideen man hat, wenn man zu lange in einem Krankenbett herumliegt.

Ein anderer Patient betrachtete meinen Gips etwas zu lange, als wir auf den Gang zu den Aufzügen gingen, und lächelte mir dann zu. Er hatte rote Haare und ein Gedanke streifte meinen Geist: Erik der Rote. Er wurde mit seinem geliebten Pferd begraben, hieß es in den alten Schriften meines Vaters. Wikinger begruben ihre Toten immer mit ihren Habseligkeiten. Umso höher der Stand eines Jarls, desto wertvoller die Grabbeigaben. Jarls wurden deshalb oft mit ihren treuen Begleitern bestattet, da sie nach dem alten Glauben als Reittier und Freund in der Unterwelt dienen sollten.

Wieso dachte ich nun an Gräber? Als Mamas Hand durch mein braunes Haar fuhr, erschrak ich. Sie hatte gemerkt, dass ich wieder einmal in Gedanken war, und als sie danach fragte, worüber ich mir den Kopf zerbrach, musste ich einmal mehr lügen, dass es mir gut geht.

Mama erzählte von daheim. Von meiner Schwester Björk, die gestern das erste Mal einen anständigen Rennpass geritten ist

und meine Bestzeit geknackt hat. Und davon, dass diese Gangart wie ein guter Wein ist, der reifen muss. Und den die älteren Islandpferde besser beherrschen, als die jungen Tiere.
Ihre Stimme ging immer wieder in meinen Gedanken unter, während sie mich nach draußen in die Parkanlage schob. Und als ich den Mann entdeckte, der auf uns zukam, hielt ich den Atem an. Er warf achtlos eine Zigarette fort, mitten ins Gebüsch, und ich wollte am liebsten weglaufen. Verdammter Rollstuhl.
Der Polizist lächelte in meine Richtung und holte ein winziges Notizbuch aus seiner Manteltasche. Das Geräusch des Kugelschreibers, dessen Mine er mehrfach heraus- und hineinschnellen ließ, wühlte mich auf.
Ich hasste es, dass er wieder und wieder die gleichen Fragen an uns richtete.
War Ihr Sohn zuvor schon am Haddebyer Noor, dem See gewesen? Vielleicht zum Angeln mit dem Vater? Ganz in der Nähe befindet sich ja die Ausgrabungsstätte der alten Wikingersiedlung …
Ich weiß beinahe alle Daten zu den Ausgrabungen. 1949 fand ein gewisser Otto von Wahl bei einem Tauchgang im Haddebyer Noor die Palisaden, spitze Bohlen einer Hafenbefestigung, neben Schiffswracks von Wikingerschiffen im Hafengrund. Und innerhalb des Wallkreises wurden Ausgrabungen getätigt. Vater hatte mir oft darüber Geschichten erzählt, meist zum Einschlafen.

*Ich fixierte den Mann in Uniform wütend und wünschte, er würde nicht seine Zeit hier verschwenden und lieber nach meinem Vater suchen. Warum finden sie ihn nicht? Was war nur passiert?*

Jetzt bin ich es, die einen Schrei ausstößt, als mir etwas Kaltes im Nacken landet. Ich wälze mich auf dem Bett herum. Aurelie blitzt mich von oben vergnügt an, als sie über den Rand des Bettes zu mir herunterguckt, und ich fische mir etwas Glibberiges von der Schulter. Es ist eine Gummispinne.

»Was soll das denn? Hast du Langeweile, oder was?«, frage ich sie etwas gereizt und klappe das Tagebuch zu.

»Was liest du da?«, will sie wissen. Ihre Augen funkeln.

»Ein Tagebuch.«

Aurelie lacht. »Liebes Tagebuch, heute war ein schöner Tag und der Junge meiner Träume hat mir eine Butterblume gepflückt …«, zieht sie mich mit einer linkischen Geste von Matti am frühen Morgen auf.

»Ich schreibe kein Tagebuch, es gehörte jemand anderem, der es hier vergessen hat.« Ich werfe ein Kissen nach ihr.

Sie fängt es ab. »Stehst du auf Matti?«, will sie wissen und ich verziehe mein Gesicht. »Nein, er ist ganz nett. Aber vor allem ein Angeber.« Ich muss zugeben, es nervt mich, wenn er von seinen Warmblütern schwärmt. Und wenn er unsere Pferde *Ponys* nennt und das mit einem gewissen Unterton.

»Cool«, meint sie und macht es sich wieder bequem. Cool? Was soll das denn jetzt heißen?

»Du etwa?« Mein Fuß tritt von unten gegen die Matratze.

»Ich stehe nicht auf Milchbubis«, sagt sie vergnügt und tippt irgendwas in ihr Handy. Das Brummen ihrer tausend Nachrichten, die ständig eingehen, nervt gewaltig. »Aber vielleicht steht er ja auf mich!«, stellt sie in den Raum und die Luft wird einmal mehr dick hier drinnen. Trotz Aurelies provokantem Aussehen, muss ich zugeben, sie ist wirklich schön. Wenn man sie betrachtet, kann man sich nicht so schnell wieder von ihr losreißen und ihr »süßer« Akzent tut sein Übriges.

»Lass mich das Buch mal sehen«, fordert Aurelie plötzlich und lässt ihren Arm durch eine Ritze zwischen Wand und Bett baumeln.

»Nein«, antworte ich knapp. »Mein Gefühl sagt mir, es ist nur für meine Hände bestimmt.«

»Wem gehört es denn?«

»Es ist alt und von einem Typen namens Nonni.« Und er muss etwas Schreckliches erlebt haben, füge ich in Gedanken hinzu. Und ich werde sein Schicksal hüten.

»Wo hast du es her?«

»Ich hab es aus dem Schrank, der auf dem Dachboden steht.«

»Und was steht drin?«, fragt sie neugierig und ich fange an zu erzählen. Sie hört eine ganze Weile zu und grinst dann total komisch.

»Was ist denn?« Ich fühle mich irgendwie verarscht.

»Das riechst du gleich«, ist nicht die Antwort, die ich erwartet hätte, und starte eine fette Kissenschlacht, die damit endet, dass Matti aufgescheucht durch unser Gekreische in unser Zimmer stürmt, aber dann nur kopfschüttelnd wieder die Tür hinter sich schließt.

# Masterplan

Die ersten Gäste treffen ein. Allen voran ein Zwillingspärchen von sechs Jahren, das zu allem Überfluss auch noch Carlotta und Lieselotta heißt. Voll die »Das doppelte Lottchen«-Analogie, ich halt's nicht aus.

Ein etwas kompakter Junge namens Olli scheint Angst vor Pferden zu haben. Dennoch lässt er sich nicht unterkriegen, als es an die erste Pferdeputzeinführung geht. Es sieht allerdings ziemlich lustig aus, wie lang er sich macht beim Striegeln, um möglichst viel Abstand zum Pferdekörper zu haben.

»Wer reiten will, der muss auch unbedingt wissen, wie man sein Pferd richtig vorbereitet«, beginne ich heute die Rede, die Oma sonst immer hält. »Dazu gehört die richtige Fellpflege, die Vertrauen schafft zwischen Reiter und Pferd, und die Hufpflege.« Ich zeige es an Frekja, die gelangweilt ganz am Ende der Reihe steht, noch einmal, wie es richtig geht. Ohne mich zu verletzen diesmal.

Olli schielt zu mir herüber und schluckt schwer. Dann versucht er es selbst bei Odin, einem lammfrommen schwarzweißen Schecken mit Strubbelmähne, und ich wandere weiter durch die Reihen und zeige einem nach dem anderen, wie sie die Bürsten richtig benutzen.

Aurelie, die es eigentlich richtig zeigen sollte, macht es einmal mehr falsch und ich muss eingreifen. Aurelie kapiert's halt nie.

Zwei Freundinnen, Marion und Hanna, beide so alt wie ich, gehen da schon routinierter an die Sache heran. Denen muss ich gar nichts erklären und sie machen ihre Sache echt gut. Auch wenn sie ihre Nasen etwas hoch tragen und gerne davon erzählen, dass sie ja schon sehr fortgeschrittene Reiter seien und fürs Ponyreiten eigentlich zu alt. Pah, wenn das ein Bewohner Islands hören würde, dass jemand ihre Islandpferde Ponys nennt. Gut, sie sind nicht gerade riesig und mit einem Stockmaß von 1,25–1,47 m tatsächlich fast mehr Kategorie Pony, dennoch ist das für das stolze isländische Volk beinahe eine Beleidigung.

Die Sattelfestigkeit der beiden vielschwatzenden Mädchen werden wir spätestens sehen, wenn wir im Gelände unterwegs sind. Oma nimmt ein Kind nach dem anderen mit zur Sattelkammer und Unruhe bricht aus. Die kleinen Zwillinge ächzen unter dem ungewohnten Gewicht des Zaum- und Sattelzeugs und einige rätseln, wie rum es wohl ans Pferd gehört.

»Okay, haben alle jetzt die Sättel aufgelegt?«, frage ich nach einer Weile und gehe die Reihen ab. Oma ist noch mit dem jüngsten Mitglied beschäftigt, die auf Tinna reiten soll. Das Mädchen mit dem kurzen Bob geht mir gerade mal bis zur Brust und will mir nicht verraten, wie alt sie ist. Ich schätze sie auf fünf, Aurelie meint, die kriegt noch die Mutterbrust.

»Ist es so richtig?«, fragt mich Olli irgendwann und feinste Schweißperlen bilden sich auf seiner Stirn. Ich tippe auf Angstschweiß.

»Perfekt, jetzt nur noch festziehen«, antworte ich nett. Ich nehme ihm die Aufgabe ab, als er zögert. »Hast du schon oft mit Pferden zu tun gehabt?«, frage ich ganz beiläufig und straffe den Gurt. Odin bläht seinen Bauch auf, das freche Ding, und ich muss mich ganz schön abmühen, um den Gurt festzubekommen.

»Nein, noch nie.« Olli lächelt und tätschelt Odins dicken Schopf.

»Wirklich nicht?« Der Sattel sitzt. »Der Wallach mag dich sehr und man könnte meinen, dass du ein eigenes Pferd zu Hause hättest.«

Odin mag jeden, er ist das freundlichste Tier der Welt, aber um Olli ein wenig mehr Selbstvertrauen zu schenken, kann eine kleine Lüge Wunder bewirken. Der Junge in seinem Polohemd lächelt mich an und macht gleich einen mutigen Schritt auf das Pferd zu. Geht doch.

Als ich zu den doppelten Lottchens komme, erwische ich die Mädchen, wie sie gerade etwas Undefinierbares an ihre Pferde Lukka und Heltja verfüttern wollen.

»Was haben wir denn da?«, frage ich und fische der einen die kleine Tüte aus der Hand. Sie ist halb leer und riecht nach Cashewkernen und etwas Scharfem.

»Hey, das ist unsers.« Sie gucken mich säuerlich an und Lukka schaut ziemlich enttäuscht aus, sah er sich doch schon seinem Snack so nahe.

»Auf gar keinen Fall dürft ihr den Pferden …« Ich blinzle. Wasabinüsse? Was zum Teufel … sind die nicht total scharf?

»… Nüsse füttern, die sie umbringen könnten.«

»Die sind nicht giftig, die essen wir den ganzen Tag«, meint Carlotta oder Lieselotta, wer weiß das schon? Ich muss unbedingt noch daran arbeiten, die auseinanderzuhalten. Ihre braunen Rehkitzaugen starren mich an.

»Nur weil es für euch okay ist, den Kram zu essen, ist es das für die Pferde noch lange nicht. Und die Verdauung der Islandpferde ist sehr empfindlich«, sage ich tadelnd und stopfe die grünen Teufelsnüsse in meine Hosentasche.

Die beiden Lockenköpfe maulen und grabschen sich dann die Zügel ihrer Pferde, um sie hinter den anderen Tieren her in Richtung Reithalle zu führen. Ich rufe Frekja, sie trottet zu mir und wir gehen den anderen nach. Das kann ja alles spannend werden.

»Na, schimmelt schon der Geduldsfaden?«, fragt mich Aurelie und grinst. Sie ist ohne Pferd unterwegs und möchte alle Handlangerarbeiten übernehmen, was ich sehr begrüße. »Ich schwör dir, die machen uns noch richtig Ärger«, prophezeit sie und ich winke ab.

»Ach, Quatsch. Das wird schon«, antworte ich und beobachte, wie eines der Mädchen aus der Reihe tanzt und versucht im Gehen auf den Pferderücken zu kommen. Oh Mann. Gut, dass wir so brave Pferde haben. Wie auf ein Kommando knufft mich Frekja in die Seite, um mich daran zu erinnern, dass es auch freche gibt, und ich komme aus dem Tritt.

»Na, wenn du meinst.« Aurelie grunzt vor Lachen und beeilt sich die Gruppe zu überholen, um das Tor zur Halle zu öffnen. Der Trupp gerät ins Stocken und Olli quietscht einmal panisch auf, als ihm das hintere Pferd zu nahe kommt. Und als Odin pupst, was er gerne tut.

Endlich geht es weiter. Alle gehen bis zur Mitte, nehmen nebeneinander Stellung ein und warten.

»Haltung annehmen, bitte! Hey, du! Du kannst später in der Nase bohren.« Omas laute Stimme füllt die Halle. »Macht euch mal gerade, Kinn nach oben und seid stolz, dass ihr jeder eines dieser wunderbaren Feuerpferde reiten dürft.« Ihre Anweisungen fruchten. Wie die Zinnsoldaten stehen sie da, sehr hübscher Anblick, bis auf die Lottchens, die irgendwas im Dreck gefunden haben und mit den Stiefelspitzen im Hallensand wühlen.

Ich spaziere mit Frekja ans Ende der Reihe.

»Du musst die Spange aus dem Haar nehmen«, rate ich Marion, die versucht die widerspenstige Mähne ihrer Schimmelstute Ida glatt zu streichen.

»Das ist schlecht«, antwortet sie und verzieht ihr Gesicht.

»Aber sonst bekommst du Probleme mit dem Helm und das Verletzungsrisiko ist zu hoch«, zitiere ich meine Oma. Und ich spreche aus Erfahrung. Denn ich hatte mir mit einer winzigen Haarklammer mal ein kleines Loch in den Schädel gestanzt, als ich vom Pferd fiel und mit dem Helm aufkam.

»Ich reite immer ohne Helm«, antwortet sie und ihre Freundin schaut mich entschuldigend an. Ich wette, sie hat es nicht immer leicht mit ihr.

»Nicher sich, ähm, sicher nicht!«, stoße ich aus und versuche es noch mal. »Aus Versicherungsgründen ist das nicht möglich. Du könntest dir nämlich den Schädel brechen, wenn du stürzt.«

Mir fällt auf, dass sie tatsächlich keinen Helm bei sich hat, während ihre Freundin Hanna brav einen auf dem Kopf trägt.

»Also, wenn man reiten kann, fällt man auch nicht runter«, klugscheißt sie und legt den streng frisierten blonden Kopf schief.

»Marion, was ist wichtiger, deine Frisur oder ob wir aufs Pferd dürfen?«, mischt sich ihre Freundin ein, weil mir nichts, wirklich gar nichts mehr dazu einfällt.

»Hanna, ich hab keinen Bock später wie ein Wischmopp auszusehen.« Der Blick von Marion wandert zur Bande hinüber, an der Matti steht und sich lässig seine braunen Haare aus der Stirn wischt. So ein Dully, der sollte sich mal nützlich machen.

»So, ihr kleinen Helden. Alle, die es bereits können, dürfen aufsitzen«, verkündet Oma. »Den anderen wird geholfen.«

Ich winke hektisch Aurelie zu mir herüber und bin etwas überrascht, als sie sofort und sogar freundlich reagiert.

»Kannst du bitte eine der Reitkappen aus der Sattelkammer holen?«, frage ich und sie nickt und sprintet davon.

»Ist euer Laden echt so uncool?«, fragt die Blondine mich schnippisch.

»Wenn du es uncool findest, nicht wegen Dummheit zu sterben, dann ja«, entgegne ich ihr.

Matti schreitet durch die Reihen. Marion lächelt, öffnet ihr langes Haar und wirft es gekonnt über die Schulter.

»Ladys, ihr seht fabelhaft aus«, sagt Matti und die Mädchen kichern. Wie sagt meine Cousine, die endlich zurückkommt, gerne? Mon Dieu!

»Ich setz das Ding nicht auf, da sind bestimmt Kopfläuse zu Hause.« Marion dreht den zugegeben etwas älteren Helm in den Händen und rümpft die feine Nase. Hanna zuckt hilflos die Achseln und ich weiß nicht weiter. Da kommt Aurelie aus der Hüfte. »Zieh ihn an, sonst klatscht es. Aber keinen Beifall.«

Ich zucke für Marion gleich mit zusammen, deren Mund auf- und wieder zuklappt, ohne dass ein Ton ihre Lipglosslippen verlässt.

Aurelies Blick verengt sich und Marion gibt nach.

Schön, das Problem ist also gelöst und die Mädchen steigen auf. Sogar die Wasabi-Zwillinge sitzen und das kleine Mädchen mit dem schönen Namen Virginie auch. Nur Olli steht noch unschlüssig vor Odin, der ein weiteres Mal laut pupst.

»Du musst dich hier festhalten und den linken Fuß in den

Steigbügel stellen«, erkläre ich ihm und manövriere ihn in die richtige Position.

»Klar, mach ich.« Er versucht ganz gelassen zu klingen. Odin legt die Ohren an, die Stiefelspitze, die sich etwas zu fest in ihren Bauch bohrt, stört ihn.

»Oh Gott«, stößt Olli plötzlich aus, bricht seinen Aufstieg ab und nimmt Abstand zum Schecken.

»Okay. Was hast du?« Ich runzle die Stirn. Hab ich was verpasst? Odin schnaubt laut und guckt sich zu uns um. Ein Penny für seine Gedanken.

»Darüber habe ich was gelesen«, lässt mich Olli wissen. »Wenn Pferde die Ohren anlegen, wollen sie nicht schmusen. Und schon gar nicht geritten werden«, meint er und ich winke ab.

»Ach, Odin ist lieb. Der tut wirklich nix.« Außer einen anfurzen, vielleicht. Ich lächle Olli so beruhigend an, wie ich kann, und frage mich, ob ich noch normal aussehe.

»Das hat unser Nachbar auch von seinem Dobermann behauptet, bevor der meiner Schwester fast den Kopf abgebissen hat«, lässt er mich wissen und wischt sich Schweiß vom Haaransatz seiner Stachelfrisur.

»Du möchtest doch Reiten lernen, oder?«, hake ich nach und versuche jetzt die Taktik »Etwas strenger werden«. Er sieht so perfekt aus, in seinen nagelneuen Reitstiefeln und teurer Hose.

»Eigentlich nicht«, haucht er zu meiner Überraschung und wird blass. Okay, jetzt komm ich nicht mehr mit.

»Warum bist du dann hier?« Ich gucke ihn an, warte, werde ungeduldig.

»Um ein Mädchen zu beeindrucken. Sie liebt Pferde und geht in meine Klasse«, antwortet er mit Verzweiflung in der Stimme. Ich brauche einen Moment, bis ich verstehe, was er sagt. Doch dann geht mein Herz auf, wie süß ist das denn? Ich reiche ihm die Hand, seine ist ganz feucht.

»Ich verspreche dir, dass nichts passieren wird. Und ich bleibe an deiner Seite und führe dich, okay?«

Er strafft sich, als neben ihm die Mädchen beginnen zu kichern. Ich werfe ihnen einen warnenden Blick zu.

»Bei drei drückst du dich hoch. Eins, zwei …« Und er sitzt, klammert sich an die Zügel. Odin seufzt und schielt nach hinten.

Die ersten Pferde setzen sich in Bewegung und ich führe den Wallach ans Ende der Reihe. Frekja trottet brav neben mir her.

»Hacken tief, Rücken gerade«, sage ich zu Olli. Oma nickt mir zu, sie will, dass ich auch aufsitze, doch ich kann Olli noch nicht allein lassen. Der packt das noch nicht. Und überhaupt schwankt er ganz schön im Sattel. Ich werde beim Zugucken schon seekrank.

Tinna, die Flinte, eine ziemlich kleine braune Stute mit großer Blesse, die direkt vor uns geht, denkt sich wie gewohnt den Reiter einfach weg. In diesem Fall vielleicht auch besser so, denn das kleine Mädchen Virginie macht total die Faxen auf ihrem Rücken und versucht sogar ihre Finger in die plüschigen Ohren der Stute zu stecken. Auweia.

»Das klappt doch super«, sage ich zu Olli. Seine Wangen glühen und er sieht gar nicht mal so unglücklich aus.

»Ja, es ist ganz cool.«

»Das ist hier wie auf dem Immenhof«, krakeelt eines der Zwillingsmädchen über Omas Anweisungen hinweg. »Wie bei Dick und Dalli und jetzt will ich galoppieren.«

»Immer langsam mit den jungen Pferden!«, ruft Oma, die das Gesagte unmöglich ignorieren kann. »Ich hab hier das Kommando und schneller wird's heute nicht.«

»Oh, menno«, brummt das Mädchen.

»Ja, menno. Auf dem Immenhof machen die wenigstens Trab«, meint die andere. »Trippel trappel, trippel trappel Pony/Über Felder durch die Wälder, kreuz und quer«, singen die beiden eines der Lieder des alten Filmes.

»Die Immenhofgeschichten hab ich alle mit meinen Eltern gesehen, wenn ich mich recht erinnere, sind sie aus den Fünfzigerjahren, oder?«, sagt eine Stimme neben mir plötzlich. Ich erschrecke mich beinahe. Matti ist wie aus dem Nichts aufgetaucht und bedeutet mir, dass er ab hier das Führen von Odin für mich übernimmt.

»Ja, die waren toll, die Geschichten.« Unsere Hände berühren sich, als er die Zügel übernimmt, und ein Funke springt über. Pure Elektrizität flutet mich.

Ich blinzle verwirrt und stolpere fast über meine eigenen Füße. Einen Moment gehe ich weiter neben Matti und Odin her.

»Das Buch *Dick und Dalli und die Ponys* hat damals für einen Islandpferde-Hype weltweit gesorgt«, erzählt Matti weiter. »Und nach dem Film *Die Mädels vom Immenhof* wurden erstmals wieder mehr Pferde nach Deutschland exportiert.« Er schaut mir ins Gesicht, etwas zu lange vielleicht. »Andere Länder infizierten sich bald darauf mit dem Islandpferde-Virus und die ersten Islandpferde-Zuchtvereine wurden gegründet.«

»Man kann sich einen Virus durch Islandpferde holen?«, fragt Olli erschrocken und unterbricht damit unseren intensiven Blickkontakt.

»Nein, das hast du vollkommen falsch verstanden«, beruhige ich ihn. »Team Dick oder Dalli?«, frage ich Matti. Ich selbst fand die freche blonde Dalli toll.

»Weder noch«, gesteht er und ich finde es irgendwie schade, dass er keine Meinung dazu hat. Ich lasse mich zurückfallen, um mich auf Frekjas Rücken zu schwingen.

Am Anfang der Reihe reitet Marion und sieht nicht ganz so professionell aus wie ihre Freundin Hanna. Eher etwas albern und ich denke über Sein und Schein nach. Und darüber, dass ich mehr über Matti erfahren möchte. Was geht in ihm vor? Was hat er so für Träume? Wie ist seine Familie?

Ich beobachte ihn, wie er lässig neben Odin hergeht, immer mal wieder einem Mädchen zuzwinkert, egal wie alt, und mit Olli plaudert. Dann sehe ich etwas, das ich lieber nicht gesehen haben will. Er zwinkert sogar Aurelie zu, die kokett an der Bande steht und mit der Hüfte schwingt.

Ich zügle Frekja, sie kommt aus dem Takt. Vielleicht ist Matti doch ein Idiot und ich sollte mich nicht weiter mit ihm beschäftigen. Und schon gar nicht anfangen, ihn toll zu finden, oder so. Eine leise Stimme flüstert mir ohnehin zu, dass ich nicht interessant genug für einen Jungen wie ihn bin.

Die ganze Zeit während dieser ersten Reitstunde gehen mir die Immenhofmädels nicht mehr aus dem Kopf. Die retteten ihren Hof nämlich vor dem Ruin, indem sie Gäste für Reiterferien warben. Und sie hatten dazu eine enorm gute Idee.

Als alle Pferde wieder auf der Weide stehen, Marion sich lange darüber beschwert hat, dass ihr ein Fingernagel beim Nachgurten abbrach, und die meiste Arbeit des Tages erledigt ist, suche ich nach Matti. Er mag vielleicht ein Sunnyboy sein, der gern allen Mädchen schöne Augen macht. Aber dennoch bin ich mir sicher, dass er sein Herz am rechten Fleck hat. Ich finde ihn bei der Scheune, als er gerade die Zelte für die geplanten Übernachtungen bei Haithabu überprüft.

»Matti, hast du kurz Zeit für mich?«, frage ich ihn und setze mich auf die Kutsche, die dort parkt. Ich winke ihn zu mir herauf auf den Kutschbock mit seinem ausgefransten roten Leder.

»Ich muss über etwas Wichtiges mit dir reden.«

Er legt den Kopf schief und stützt seinen Arm hinter mir auf die Rückenlehne.

»Du kannst mit mir über alles reden«, sagt er leise und ein Lächeln zuckt in seinem Mundwinkel. Seine nussbraunen Augen funkeln, als wollten sie mir ohne Worte etwas sagen.

»Super«, stammle ich und verliere den Faden.

»Also, was kann ich für dich tun?«, fragt er nach einer Weile der Stille. Für den Anfang sollte er mich nicht auf diese Weise angucken, damit ich meine Gedanken ordnen kann, denke ich. Ich räuspere mich verlegen.

»Du weißt ja, dass der Hof in Schwierigkeiten steckt?«, leite ich ein. Er hebt die Brauen.

»Nein, wusste ich nicht. Nicht offiziell zumindest, ich hatte da eine Ahnung …«

»Jetzt weißt du es«, sagt jemand hinter mir und zeitgleich kriecht eine Hand auf meine Schulter. Ich stoße einen spitzen Schrei aus und glotze in Aurelies blass geschminktes Gesicht mit dem akkuraten Lidstrich.

»Manno. Was machst du hier?«, frage ich und lasse die restliche angestaute Luft geräuschvoll aus meinen Lungen entweichen. Man ist aber auch nirgends vor ihr sicher. Sie angelt nach einem Päckchen Zigaretten und will sich eine Kippe anstecken.

»Wonach sieht es aus?« Sie grinst. Mit einer flinken Bewegung klaue ich ihr die Zigarette und breche sie kaputt.

»Merde! Bist du bescheuert?«, zischt sie gefährlich leise.

»Du kannst mir später danken. Ich bin dein Schutzpatron, Abteilung Herz und Lunge.«

Matti geht in Deckung, als Aurelie nach mir schlägt.

»Wir haben jetzt keine Zeit für Streitereien. Wir müssen etwas tun, der Hof braucht mehr zahlende Gäste und ich habe die Idee, wie wir das anstellen können«, lasse ich die beiden wissen und fange die nächste Attacke mit einem Arm ab. »Und ihr müsst mir helfen. Am besten beide.«

»Ah, oui. Jetzt soll ich dir auch noch helfen.«

»Nicht mir, Hilde, unserer Oma«, stelle ich klar.

Aurelie nimmt Abstand, zündet sich eine neue Zigarette an und pustet mir den giftigen Nebel entgegen.

»Na, dann lass mal hören«, fordert Matti mich auf und wedelt den Rauch mit der Hand fort.

»Wir reiten mit den Ponys in die Stadt.« Seine Gesichtszüge entgleiten ihm und meine Cousine lacht mich ganz offen aus.

»Ich meine das ernst. Wir nehmen die besten Pferde, setzen alle verfügbaren Reiter drauf und an die freien, die noch keinen Feriengast haben, hängen wir Schilder mit dem Schriftzug: *Hier könntest du sitzen*. Dazu noch ein paar Plakate und fertig ist die Werbemaßnahme des Jahrhunderts!« Ich bin so aufgeregt, ich schwitze richtig. »Ich hab das im Gefühl. Das wird super.«

»Wie in den Immenhoffilmen«, folgert Matti richtig.

»Ja, genau.«

»In was?«, hakt Aurelie nach und hustet. »Ich bin ja ungern die Spielverderberin, aber ihr glaubt doch nicht, dass Oma das genehmigt.« Sie lässt ihre nachgezogenen Brauen wackeln.

»Sie muss es ja nicht wissen«, schmettere ich ihre Bedenken

ab. »Und morgen ist Markttag in der Stadt. Der perfekte Moment, es zu tun und möglichst viele Leute mit unserem Sommer-, Sonnen-, Reiterfeeling zu erreichen.«

Unser verträumter Hof hat Stadtrandlage. Querfeldein ist es ein Katzensprung. Die bevorstehende Tour zur Wikingerstadt ist viel, viel länger.

Matti überlegt eine Weile, seine Schulter berührt meine. »Es ist nicht weit zur nächsten Stadt, aber wir können mit den ganzen Reitanfängern nicht die Hauptstraßen nehmen.«

»Nein, aber den Waldweg und über die Wiesen. Und ich kenne die verkehrsberuhigten Straßen bis zum Markt. Wir brauchen nur noch ein bis zwei hübsche Plakate.« Ich sehe es schon vor mir, wie wir die Werbung vor unserem Pferdetreck hertragen. »Wir schmeißen die Kinder etwas früher aus dem Bett, reiten los und dann sollte das alles klappen.«

»Ich weiß nicht so recht«, brummt Matti. »Was ist, wenn Hilde sauer wird und mich dafür verantwortlich macht?«

»Wird sie nicht«, hoffe ich und meine Stimme hat diesen verräterisch unsicheren Ton angenommen. »Und wir müssen doch etwas tun, um diesen Ort hier zu retten.«

Verzweiflung umklammert mein Herz und ich spüre Tränen in meinen Augen. Matti seufzt, fährt sich unruhig durchs Gesicht.

»Gott, ich werde bestimmt gefeuert, bevor ich überhaupt in den Genuss des Rennpass eines Islandpferdes gekommen bin.«

»Oh, super. Also machen wir es?« Ich falle Matti um den Hals und lasse ihn genauso schnell wieder los.

»Soweit ich weiß, ist Oma sowieso am Freitag beim Großhändler, Futter einkaufen«, fällt Aurelie ein. »Die Pfauen bekommen schon seit Tagen nur noch die Reste serviert. Du müsstest mal sehen, wie Mister Perigrim das findet. Der kann ganz schön beleidigt sein«, schwelgt sie in einer Erinnerung und lacht.

»Toll, das macht es leichter und falls der Plan nicht aufgeht, ist sie wenigstens nicht enttäuscht.« Es wäre schlimm, wenn wir Hoffnungen wecken und hinterher alles nichts nutzt.

Aurelie klettert über den Sitz und quetscht sich zwischen mich und Matti.

»Bien. Aber nur mal so aus Interesse, in der Stadt fahren Autos. Wurden schon mal Pferde überfahren?« Sie bläst mir Kringel entgegen und ich huste.

»Quatsch.«

»Es werden aber ständig Tiere auf Straßen totgefahren.« Sie hebt ihre dunklen Augenbrauen und mir entgeht nicht, dass Matti sie intensiv mustert. Er sieht beinahe fasziniert aus und in meinem Magen schwirren Bienen auf. Sie drohen zu stechen.

»Statistisch gesehen, werden ganz bestimmt mehr Igel überfahren. Pferde sind doch nicht zu übersehen«, überlege ich. Eine unangenehme Stille entsteht.

»Statistisch gesehen, sind Fische die am seltensten überfahrenen Tiere, würde ich sagen«, durchbricht Matti sie und grinst breit. Aurelie übt einen langen Augenaufschlag, lehnt sich an seine Schulter.

»Haha, du bist so witzig«, sagt sie und ihr Blick trifft auf meinen, herausfordernd und provokant. Matti scheint ihre Reaktion sehr zu gefallen und sonnt sich in ihrer Aufmerksamkeit. Ich schrumpfe. Innerlich. Und ich beschließe, lieber unseren Masterplan weiter auszubauen und besorge alte Bettlaken, um sie zu gestalten. Mit Farben und Pinseln bewaffnet, komme ich zurück und wir machen uns sofort ans Werk. Wir kreieren Slogans, schreiben in Schönschrift Omas Nummer auf den Stoff und verzieren alles mit Ornamenten.

# Ein Pferderücken kann auch entzücken

Es ist endlich der ersehnte Freitag. Oma ist bereits eine halbe Stunde fort und Aurelie und ich räumen in Windeseile die Küche wieder auf. Es ist enorm, was für eine Sauerei die paar Gäste anrichten können. Ich kratze Nugatcreme vom Stuhl, sammle Wasabi-Krümel auf und schrubbe Marmelade vom Boden. Die Kids sind mit Matti zur Weide, die Pferde holen und satteln und ich bin jetzt doch etwas nervös. Tun wir das Richtige oder ist es zu riskant, mit den geplanten 16 Pferden zum Markt zu reiten? Mit mehr als vier Reitanfängern? Gut, in den letzten Tagen haben Olli, die Lottchens und die kleine Virginie viel gelernt, dennoch sind sie noch Frischlinge.

»Oh, Nelly. Was guckst du so belämmert aus der Wäsche?«, fragt mich Aurelie, als ich den Lappen auswasche und dabei in Gedanken ertrinke.

»Kannst du auch mal nett sein?« Sogar wenn sie versucht, Fürsorge zu zeigen, klingt sie beleidigend. Ich atme durch.

»Du bekommst kalte Pieds, ähm Füße«, stellt Aurelie fest. »Matti hat sich schon gefragt, ob das passiert.« Sie stellt die Spülmaschine an und versperrt mir anschließend den Weg zum Haushaltsraum.

Ich straffe die Schultern. »Auf keinen Fall, wir ziehen das durch. Mein Gefühl sagt mir, es wird alles gut.« Und das, obwohl Matti mir ganz schön frech die Zügel aus der Hand genommen hat. Überhaupt will er immer sagen, wo es langgeht, und bestimmen. Das nervt mich ziemlich – es war doch meine Idee!

Aurelie verzieht ihr Gesicht. »Du und dein Gefühl.«

»Was weiß Matti denn schon?« Als wenn der mich analysieren könnte. Das schafft niemand, wenn ich es nicht will. Ich habe lange dafür trainiert, dass man mir in der Schule nicht anmerkt, wenn man mich ernsthaft kränkt.

»Matti hat fünf Schwestern, wusstest du das?« Sie sieht mich auf diese seltsame Weise an, wie ein Wissenschaftler sein Experiment. »Und seine Mutter hat ihn gezwungen, die Klamotten der Älteren aufzutragen. Das ist echt pervers, oder?«

Na, die haben sich ja gut unterhalten, die beiden. Kurz stelle ich mir Matti in Kleidern vor, wie er in seiner gewohnt lässigen Art Anweisungen gibt und die Kids unterrichtet. »Wenn die Familie nicht viel Geld hat, was soll man machen?«

Ich halte ihrem Blick stand. Es hat den Anschein, als schwebe eine unausgesprochene Frage zwischen uns, doch Aurelie stellt den Besen in die Ecke des Haushaltsraumes und klatscht in die Hände. »Dann los. Der Tag versaut sich nicht von allein!«

Als ich hinauskomme, scheint die Sonne schon mit voller Kraft und wärmt meinen Nacken. Aurelie sprintet hinter mir her und zupft an meinem Ärmel.

»Attende. Nur um das klarzustellen, wenn das hier schiefgeht …« Sie macht eine ausladende Geste mit der Hand. »… und ich Ärger bekomme, dann wirst du es bitter bereuen.« Sie lächelt und fährt sich durch ihre langen schwarzen Haare.

»Du kannst ja auch hierbleiben«, schlage ich vor und werde schneller. Das brauch ich jetzt wirklich nicht.

»Wo bleibt denn da der Spaß? Alors, ich würde dich gerne dabei beobachten, wie du dich in die Scheiße reitest.«

Mein Kiefer mahlt und dann bleibt mir die Luft weg, als ich um die Ecke biege und die Horde Reiter mit jeweils einem Begleitpferd bei Fuß entdecke. Und unsere Plakate, die von den beiden ersten Reitern und den beiden Letzten gehalten werden. Wow! In bunter Schrift springen mir die Worte förmlich entgegen: *Ein Pferderücken kann auch entzücken. Zelten mit Islandpferden, sei dabei, fühl dich frei!*

An den Sätteln der freien Tiere steht *Hier könntest du sitzen* und Omas Telefonnummer. Matti macht Fotos, Marion, sein Model, macht ein Duckface dabei.

Mein Herz wummert hart gegen den Stoff meines T-Shirts und Tatendrang reißt mich wie eine Flutwelle mit.

»Alle einmal hergehört!«, rufe ich und Frekja, die gesattelt neben Matti steht, antwortet mir mit einem Wiehern. Mein Schatz.

»Wir starten jetzt unseren *Masterplan Feriengastgewinnung*. Ich danke euch allen sehr, dass ihr dabei seid und uns unterstützt.«

»Ganz nach dem Motto ›Entdecke den Wikinger in dir‹«, scherzt Olli und lacht.

Marion und Hanna, die ganz hinten eingereiht sind, zwinkern sich linkisch zu, ich bin heilfroh, dass wir sie für diesen Trip begeistern konnten. Ich hätte ja beinahe mit Gegenwind von Marion gerechnet.

»Na, was sagst du, Ladyboss?«, ruft Matti mir zu und in seiner Stimme liegt diese unbestimmte Provokation. »So wird das Ganze aussehen, wenn wir über den Markt tingeln. Und die Fotos sind schon mal Bombe.«

Er sieht sehr zufrieden aus und sein schiefes Lächeln ist purer Sonnenschein. Das entgeht auch Marion nicht, die verträumt zu dem Jungen hinüberschaut, als würde ihr Hirn unter akutem Sauerstoffmangel leiden.

»Matti wird mit Olli vorne reiten und ich mit Frekja in der Mitte, um auf die Jüngeren achtzugeben«, erkläre ich und die Lottchens, die Wasabi-Nüsse mümmelnd auf ihren Pferden sitzen, gucken sich komisch an.

»Wir sind schon groß, wir brauchen keinen Babysitter«, sagen sie wie aus einem Mund und tun empört. Matti übergibt die Zügel seiner Pferde an Olli, der daraufhin sichtlich überfordert die Luft anhält.

Dann sammelt er die großen Plakate wieder ein, wickelt sie zusammen und verstaut sie am Sattelgepäck von Blida, die Aurelie neben Virginies Pferd Tinna führen wird. Ein strammer Marsch steht uns bevor, aber sie will partout nicht reiten. Ich bin gespannt, wann sie schlappmacht und darum bettelt, aufsitzen zu dürfen.

Wenig später trotten wir einer nach dem anderen vom Hof. Das Hufgetrappel ist wie ein wundervoller Rhythmus, der zum Tanzen einlädt, und ich fülle meine Lungen tief mit frischer Luft.

Frekja spitzt die Ohren, sie ist viel zu schnell und ich habe Mühe, sie zu parieren. Sie kommt Odins Hintern zu nahe und bricht zur Seite aus, als der drohend mit dem Schweif schlägt.

Olli hält sich beim winzigen Bocksprung seines Pferdes erstaunlich gut im Sattel und ich tätschle Frekjas Hals, damit sie sich wieder beruhigt. Wir erreichen die Wiese und folgen dem Bach immer weiter in Richtung Süden zur Stadt.

»Na, wie gefällt es dir auszureiten?«, will ich von Virginie wissen, als ich neben ihr herreite. Sie lächelt nur und sagt nichts. Dafür fängt sie an herumzuwippen, was Tinna dazu veranlasst, ihre Ohren nach hinten zu legen und auf den hektischen Floh auf ihrem Rücken zu lauschen.

»Ich finde, du machst das sehr gut. Du sitzt gerade, hältst Kontakt zum Pferdemaul. Ich wette, den nächsten Ausritt musst du nicht mehr geführt werden.« Ich beuge mich nach vorne, linse zu Aurelie, die auf der anderen Seite geht und sich anstrengen muss, das flotte Tempo zu halten. Ihre schwarzen Haare wippen im Takt.

»Einhundert Lehrerpunkte für Nelly«, stichelt sie und schnauft.

»Du kannst dich immer noch auf Blida setzen, ich helf dir auch hoch«, versuche ich es erneut, sie zum Reiten zu animieren.

»Ich denk nicht dran. Auf so ein Vieh kriegen mich keine zehn Pferde«, zwitschert sie.

»Ha ha.« Mehr fällt mir dazu nicht ein.

»Nelly, zurück in die Reihe!«, ruft mir Matti von vorne streng zu. »Wir reiten in Formation, schon vergessen?«

Hoppla. Die Art, wie er die Augenbrauen hebt, regt mich auf. Ich beiße mir auf die Zunge, um nicht irgendwas Pampiges zu entgegnen. Schließlich hat er uns sehr geholfen und riskiert einiges für die Aktion.

»Kannst du später eine Fahne schwingen, wenn ich sie dir gebe?«, frage ich nach einem stillen Moment hoffnungsvoll die kleine Virginie. Sie antwortet wieder nicht.

»Bei Virginie haben se ’nen Fisch mit eingekreuzt, die ist stumm, wie einer, sie spricht nicht«, haut meine Cousine ungerührt raus und das kleine Mädchen, das ganz sicher nicht taub ist, beißt sich auf die Unterlippe. Was ist bloß mit ihr? Warum ist sie so schüchtern?

»Ach, Unsinn. Wenn sie Lust hat, wird sie schon mit uns plaudern«, antworte ich und tätschle aufmunternd ihr Knie.

Sie nickt. Und sie hat einen echt kecken Gesichtsausdruck drauf, muss ich zugeben. Sie ist wirklich Zucker.

Plötzlich ertönt ein spitzer Schrei. Mein Blick fliegt nach hinten. Ida, die kleine Schimmelstute, auf der Marion sitzt, jagt an mir vorbei. Dreck fliegt umher. Frekja macht vor Schreck einen Satz nach vorne, die ganze kleine Herde wird unruhig und will der Stute hinterher.

»Brrrr!« Matti hat Mühe, die Front zu stoppen. Blakkur bricht zur Seite aus und Odin reißt den Kopf hoch und tänzelt auf der Stelle, was Olli dazu veranlasst, panisch vom Pferderücken zu springen, bevor sein Pferd mit ihm darauf losrennen kann. Marions Handpferd, das freigekommen ist, trabt davon und gönnt sich einen Wiesensnack, während Ida immer schneller wird und davonprescht.

»Scheiße, sie geht durch!«, stößt Aurelie aus und bekreuzigt sich. »Die ist so gut wie tot«, findet Virginie ihre Sprache wieder und glotzt dem rasenden Pferd mit offenen Mund nach.

»Kroße Gacke!« Ich zögere nicht länger, lege die Schenkel an und galoppiere mit Frekja aus dem Stand an. Wind nimmt mir den Atem, ich schnalze mit der Zunge, meine Fuchsstute streckt sich, wird mit jedem Sprung schneller. Ich stelle mich in die Steigbügel, lehne mich weit nach vorne, wir fliegen hinter Ida hinterher. Das Gras unter uns verschwimmt zu einem Mischmach aus Grün.

»Gut so, Frekja«, flüstere ich meiner Stute zu. Ihre dicke Mähne nimmt mir die Sicht, ich halte nur mit einer Hand die Zügel, als wir auf Idas Höhe kommen. Marions Gesicht ist zu einer Schreckensmaske versteinert. Sie reißt wie verrückt am Zügel, was Ida nur noch wilder macht.

»Lass lockerer«, rufe ich und angle nach ihrem Zügel. Meine Finger berühren das Leder, nur ganz leicht. Ida reißt den Kopf höher, rollt mit den Augen. Ihre Hufe donnern auf dem Boden, sie könnten Funken sprühen.

»Ich kann nicht«, kreischt Marion. »Das Pferd ist verrückt geworden!«

»Setz dich tiefer in den Sattel und nimm den Druck der Schenkel weg«, kommandiere ich. Etwas an Marions Reitstiefeln blitzt silbrig im Licht der Sommersonne.

Was ist das?

»Dann fall ich runter«, keucht sie und ich lenke Frekja näher an Ida heran. Ich verlagere mein Gewicht, lehne mich weiter zur Seite. Nur ein falscher Sprung und ich stürze.

»Stopp«, kreischt Marion. Ida kommt aus dem Tritt, ihr Rücken wird krumm. Sie würde jeden Moment bocken und versuchen den Reiter loszuwerden.

Jetzt oder nie. Ich beiße die Zähne zusammen und erwische den Zügel. »Lass los!«

Ich will Marion am liebsten schütteln, weil sie einfach nicht hört. Idas Sprünge werden langsamer und ich atme auf, als sie neben Frekja in den Trab fällt. Marion ist kreideweiß und ich erkenne, was sie da an den hübsch polierten Stiefeln trägt.

»Sag mal, hast du noch alle Latten am Zaun?«, keuche ich. Wir kommen zum Stehen und ich schwinge mich aus Frekjas Sattel.

»Zieh die Sporen sofort aus, wir reiten hier nicht mit Folterwerkzeug, das ist Tierquälerei.« Ich weiß nicht, wann ich das letzte Mal so fassungslos war. Ich glaube, es war an dem Weihnachten, als mir klar wurde, dass es den Weihnachtsmann nicht gibt und ich jahrelang belogen worden war.

»Aber …«

»Sofort«, knurre ich, tätschle beruhigend Idas verschwitzten Hals und wische mir eine lose Haarsträhne aus der Stirn. Marion steigt ab, zupft sich die feinen Handschuhe von den Fingern. Ida pumpt wie verrückt. Ich überprüfe ihre Flanken nach Verletzungen, zum Glück ist alles gut.

»Ich denke nicht, dass dieser Ausbruch etwas mit meinen Accessoires zu tun hatte«, meint das Mädchen pikiert.

»Folterinstrument«, verbessere ich sie und wackle auffordernd mit den Fingern. Sie bückt sich und löst die Riemen. Wenn ich überlege, dass Marion sogar am liebsten ohne Helm unterwegs wäre … Sie schwankt auf mich zu und knallt mir die silbernen Dinger in die Hand. »Ida ist nur schlecht erzogen, wenn man mich fragt. Ganz klarer Fall von Ponydickschädel.«

»Dich fragt aber keiner.« Mir bröckelt der Geduldsfaden, aber ich muss an unsere Mission denken. Hanna kommt zu uns geritten, die anderen warten in ein paar Metern Entfernung. Frekja guckt uns interessiert an, was sie wohl denkt?

»Gott sei Dank, Marion. Ein Glück, dass dir nichts passiert ist«, haucht sie erleichtert und Svala, ihre Falbstute, reißt den Kopf runter, um ein paar Grashalme zu ergattern. Dabei rutscht Hanna über ihren Hals und landet mit einem Ächzen auf dem Boden. Na, das kann ja alles lustig werden, so sattelfest, wie die beiden sind.

»Gut gemacht, Nelly«, ruft mir Matti zu, als wir zurückreiten. »Das war echt ganz großes Kino.«

Ich lasse das Kompliment auf mich wirken und reihe mich in den Track ein. Die beiden Schlussleuchten, Marion und Hanna, führen auf Anweisung von Matti jetzt einen Teil des Weges ihre Pferde an der Hand und müssen sich mit ihren Begleitern anfreunden und ihnen Respekt zollen. Tolle Idee, wie ich finde. Ich bin gespannt, wie das so klappt. Die meiste Zeit versucht Marion leider nur Selfies mit ihrem Pferd zu machen.

Endlich sind wir am Rande des Markplatzes und spannen die Plakate von einem zum anderen Pferd auf.

Matti mit Olli ganz vorne, mit ihren Handpferden an die

Sättel gebunden. Ich übernehme gleich zwei weitere Handpferde und bleibe in der Mitte direkt vor Virginie und Aurelie. Marion und Hanna sind das Schlusslicht, wie geplant, und ich hoffe, es geht alles ab hier reibungslos.

Matti stellt ein Lied aus dem Immenhoffilm auf seinem Handy an, das per Bluetooth durch einen kleinen Lautsprecher klingt. Wir setzen uns in Bewegung und biegen ab in die Fußgängerpassage. Geschäfte säumen den Weg, eine große Bronzefigur eines Fischers trennt unsere Karawane für einen Wimpernschlag. Einige tölten vorbildlich, andere schwingen im Schweinepass.

Wir halten auf die Marktbesucher zu.

»Guck mal!«, ruft ein kleines Mädchen und zerrt an der Hand ihrer Mutter. Virginie, die eine Klingel in die Hand bekommen hat, macht zusätzlich auf uns aufmerksam. Die Blicke fliegen herum, ein erstauntes Raunen flutet zu uns herüber und ich werde innerlich ganz ruhig. Diese ungeteilte Aufmerksamkeit, das Staunen ist so wunderbar. Ich genieße diesen Moment des Rampenlichts und beginne das Lied aus dem Lautsprecher mitzusingen. Die Lottchens stimmen lauthals mit ein und die Menschenmenge teilt sich vor uns. Die ersten Leute zücken ihre Handys, beginnen Fotos zu machen und zu filmen.

»Geil, wir werden bestimmt YouTube-Berühmtheiten«, jauchzt Marion begeistert und posiert auf ihrer wunderschönen Ida, die galant tänzelt.

Es ist wie ein Rausch und tosender Beifall begleitet unseren Auftritt, wie auch ungläubige Blicke der Marktschreier, die in ihren Verkaufsbuden hocken. Und dann ist auch schon alles passiert und wir sind auf dem Weg nach Hause. Ich mache drei Kreuze, als wir endlich die Wiesen und Felder erreichen, über die wir entspannt heimwärts reiten wollen.

»Wir hatten wirklich maximale Aufmerksamkeit, wenn wir dadurch nicht noch einige Gäste bekommen, dann weiß ich auch nicht«, meint Matti zufrieden. »Du bist wirklich ein schlaues Köpfchen, das war eine super Idee.«

Er zwinkert mir zu. »Mit dir würde ich noch so einiges Verrücktes anstellen.«

»Ich mit dir auch«, höre ich mich antworten und bin immer noch ganz euphorisiert von diesem Trip. Und von Mattis intensivem Blick.

Das verpufft allerdings in dem Moment, als der Hof in Sicht kommt und ich einen Polizeiwagen entdecke.

»Heilige Scheiße«, murmle ich und versteife mich auf Frekjas Rücken. Die Stute, die stets wie ein Spiegel meiner Gefühle funktioniert, beginnt manisch auf dem Gebiss zu kauen.

»Mon Dieu. Ist es das, was ich denke?« Aurelie lacht spöttisch. »Jetzt wird's spannend.«

Ich angle nach meinem Handy. Zweiundzwanzig verpasste Anrufe von Oma. Hätte ich es bloß nicht auf stumm geschaltet!

Schritt für Schritt reiten wir auf das Unausweichliche zu.

»Ich bin so gut wie gefeuert«, meint Matti und schließt zu mir auf. Seine Gesichtsfarbe sieht mehr als ungesund aus.

»Was heißt gefeuert?«, fragt Carlotta ihre Schwester und sie antwortet. »Das hat man früher mit Hexen gemacht.«

»Matti, das war alles meine Idee, ich steh dafür ein«, sage ich tapfer und merke aber zeitgleich, wie ich Angst bekomme.

Oma steht neben den Stallungen mit einem Mann, der etwa doppelt so groß ist wie sie. Der Polizist starrt jetzt zu uns herüber und stemmt die Arme in die Seite.

Ich treibe Frekja an, lasse sie in einem ruhigen Pass voranlaufen und wappne mich.

»Omi, ich kann das erklären«, rufe ich schon von Weitem.

»Himmel, Barsch und Zwirn«, flucht sie. »Na, da bin ich ja mal gespannt!« Sie verzieht ihren Mund und sieht aus, als hätte sie in etwas Verdorbenes gebissen. Auweia. Ich springe von Frekjas Rücken, ehe sie steht und knicke mit dem Fuß um. Autsch.

»Wir wollten nur helfen. Du brauchst doch noch ein paar Gäste«, versuche ich unsere Aktion zu erklären und mein Blick bleibt bei dem Mann in Uniform hängen.

»Junges Fräulein, Anwohner und Besucher des Marktes haben eine Beschwerde eingereicht. Wenn Sie mit so vielen Tieren Plätze des öffentlichen Lebens nutzen, brauchen Sie eine Genehmigung.«

»Tahaha«, macht Aurelie und hilft Virginie vom Pferd, die sofort Tinna zum Stall führt. Die anderen Kids machen es ihr stumm nach. Oma stößt hart sie Luft aus.

»Was hätte da alles passieren können«, redet der Gesetzeshüter weiter. »Es tut mir leid, aber um ein Bußgeld werden Sie wohl nicht herumkommen.«

Ich schlucke, weiche Omas enttäuschtem Blick aus. Das habe ich nicht vorhergesehen.

Omas Handy klingelt, sie drückt den Anrufer weg und meine Cousine ergreift zuerst das Wort. »Komisch, Sie sehen gar nicht aus, als täte Ihnen das leid«, bemerkt sie spitz und Oma zischt ihr etwas zu. Matti bleibt vorsichtshalber in Deckung.

»Können Sie nicht ein Auge zudrücken?« Ich setze mein liebstes Lächeln auf.

Omas Handy klingelt wieder, diesmal gefühlt lauter. Sie

drückt es erneut aus und stopft es hektisch in ihre Jackentasche.

»Hilf den anderen mit den Pferden, Nelly«, sagt sie dann streng zu mir. »Ich kümmere mich um alles Weitere.«

»Es tut mir wirklich leid, Omi.« Mein Herz wird ganz schwer und ich trotte zum Stall.

Oma bringt den Polizisten zu seinem Wagen und versichert, das Bußgeld zu zahlen. Ihr Handy klingelt wieder und unterstreicht mit seinem Terror die angespannte Stimmung.

Was für ein Reinfall! Auf mein Gefühl ist wohl doch kein Verlass.

# Überraschungseier

Am Abend flüchte ich mich ins Bett. Ich bin erschöpft und habe auch keine Nerven mehr, die Unordnung der Wasabizwillinge zu beseitigen oder mir Marions Genörgel über das fehlende W-Lan anzuhören. Oma ist die meiste Zeit mit Kochen und anderen Vorbereitungen für den anstehenden Ausflug beschäftigt. Oder sie ist am Telefon, wahrscheinlich um weitere sich beschwerende Leute abzuwimmeln, die dank der großgeschriebenen Telefonnummer auf den Plakaten wissen, wen sie kontaktieren müssen, um sich Luft zu machen. Ich seufze, schaue hinüber zu Frekjas verschandeltem Poster und melde mich kurz bei meinen Eltern, damit sie beruhigt sind. Sie hatten tatsächlich keine Ahnung, dass Oma Probleme hat.

Aurelie hockt bei Matti im Zimmer, keine Ahnung, was die machen. Es ist mir auch gerade herzlich egal.

Ich ziehe mir die Bettdecke trotz Hitze hier oben bis zu den Schultern, schlage das Tagebuch von Nonni auf und beginne zu lesen. Vielleicht hilft es mir, mich abzulenken.

1. November

Bald darf ich nach Hause. Also warum fühle ich mich trotzdem so schwer? Ich schätze, es ist das Wissen, dass nichts je so wird, wie es war. Und ich habe Angst davor, Mama weinen zu sehen. Die letzten Wochen, in denen sie mich besuchte, hat sie es nie getan. Aber ich konnte es an ihren Augen sehen, dass sie es tat, wenn niemand es sah. Alleine zu Hause im Bett vielleicht. Oder alleine in den Ställen, bei der harten Arbeit.
Gestern wachte ich aus einem Albtraum mitten in der Nacht auf. Ich konnte mich an jede Einzelheit erinnern. Ich ritt mit meinem Hengst durch weißen Schnee. Der Wind war eiskalt, heulte und fauchte. Wie ein hungriges Tier heftete er sich an unsere Fersen. Ich trieb Nykur an, wollte vor irgendetwas flüchten. Meine Nackenhaare stellten sich auf und als ich den riesigen Schatten sah, der sich über uns zu erheben drohte, jagten wir im Galopp davon. Nykurs lauter Atem hallte in meinem Geist wider. Nichts außer diesem Geräusch war zu vernehmen.
Wir erreichten die Àsbyrgi Schlucht, die die Form eines Hufeisens hat. Man sagt sich, Odins Pferd Sleipnir, der achtbeinige Hengst, sei ausgerutscht, während sie beide am Himmel über die arktische Wüste ritten, und habe dabei einen Fuß auf Nordisland gesetzt und diese wunderbare Schlucht geschaffen.

Die Isländer behaupteten gerne, dass dieser Ort eine Elfen-Hauptstätte sei. Während ich das hier schreibe, muss ich lächeln über mein Volk und ihre Liebe zu den mystischen Wesen. Ich fand es wirklich lustig, dass sogar ganze Straßen um sogenannte heilige Orte und Koboldhügel herumgeplant wurden, aus Furcht sie zu stören oder zu verärgern.

Und in meinem Traum lebte der Glaube an diese Wesen plötzlich auf. Ich weiß noch genau, wie der Wind abflaute. Felsen ragten riesig vor mir und Nykur auf und ich stieg, ohne es wirklich zu wollen, vom Rücken meines Pferdes.

Ich fragte mich die ganze Zeit, warum ich hier war. Irgendwann entdeckte ich sie. Das Mädchen aus Silber und Eis, eine Elfe, die mir zuwinkte und mich geradewegs ins Verderben lockte. Hinein in den Felsen, einen Gang hinab, geradewegs in ein kaltes Grab.

Zumindest flüsterte das meine innere Stimme, die mich begleitete und warnte, ja, sogar anschrie umzukehren. Doch meine Beine bewegten sich wie von selbst. Nykur blieb zurück, während ich in die Höhle eintauchte. Dunkelheit verschluckte mich und ich tastete mich mit rasendem Puls voran. Glückliches Lachen, das sich anhörte wie Tausende Glöckchen, lockten mich voran. Nur kurz sah ich das Mädchen mit dem Silberschimmer um ihren Körper wieder. Ihr Anblick zog mich voran und ich beschleunigte meine Schritte.

»Liebst du all die schönen Feuerpferde?«, fragte sie mit einer Stimme so sanft wie Seide. »Du musst sie einfangen und zählen.« Sie lächelte, mir fiel auf, dass sie Papas Amulett um den Hals trug. Die Lederkette mit der Rune für das Erbrecht in der Mitte. Dann verschwand sie um die nächste Ecke. Die Gänge hier waren ein wahres Labyrinth. Meine Finger strichen über feuchten Stein, Runen waren in ihn eingearbeitet, die ich nicht kannte. Etwas streifte meine Wange, mein Blick flog nach oben. Eiszapfen wuchsen aus der Decke und glitzerten im unwirklichen Schein.
»Warte, welche Pferde soll ich zählen?«, rief ich ihr nach. Ich rannte los, kopflos irrte ich durch eiskalte Gänge. Mein Atem sammelte sich als Wolke vor meinem Gesicht und ich stolperte, verlor den Halt. Schmerz zuckte durch meine Glieder. Ich blinzelte, Silberlicht blendete mich, als eine zarte Hand sich mir entgegenstreckte. Ich ergriff sie, ließ mich von dem fremdartigen Mädchen auf die Beine ziehen.
»Wie viele Farben hat die Seele?«, hörte ich sie flüstern. »Zähle sie und halte den Schlüssel in deinem Herzen.« Ein dümmliches Lächeln legte sich auf mein Gesicht und die Mädchengestalt löste sich auf. Verschwand wie ein Trugbild zwischen Tag und Nacht und ich blieb allein in den Gängen zurück, die sich tief in den Bauch des Felsens gruben.
Ich wünschte, der Traum hätte hier geendet. Aber das tat er nicht.

Die Wände der Höhle strebten scheinbar auf mich zu und ich schrie, immer wieder drei Worte: Lass nicht los!
Ein Grollen ertönte, ließ mich wanken und ich bemerkte, dass ich immer noch etwas in der Hand hielt. Es sah weiß aus, mein Daumen tastete es ab und ein Schreck durchfuhr mich. Ein großer Knochen, vielleicht von einem Pferd. Ich ließ ihn fallen und Panik kroch mir wie Ungeziefer unter die Haut. Ich stand auf einem Haufen Gebeine, die nun begannen silbern zu schimmern. Ich stand auf den Überesten einer ganzen Herde.
Dann erwachte ich.
Falls das jemals jemand liest, wird er mich wohl für verrückt halten.

# Entdecke den Wikinger in dir!

Und dann geschah das Unglaubliche: Aurelie stürmte gestern Abend noch aus heiterem Himmel in unser Zimmer und erzählte mir aufgeregt, dass Oma total ausgebucht sei! Das waren keine Beschwerdeanrufe, das waren Buchungen!

Und glücklicherweise können die meisten frischen Gäste sogar reiten. Die neuen Mädels sind vollkommen unkompliziert und verstehen sich auf Anhieb mit Marion und Hanna. Sie teilen jedenfalls die gleiche Selfieliebe wie die beiden und übertreffen sich gegenseitig mit Postings auf Instagram.

Oma sitzt mit Aurelie auf der Kutsche, die von Sindri, der stets mürrischen Schimmelstute in ihrer hübschen Fliegendecke, gezogen wird, in dessen Inneren all das Gepäck, Zelte und Verpflegung verstaut ist. Sie bilden das Ende des Trecks bestehend aus mittlerweile zwanzig Pferden und Reitern. Ich kann immer noch nicht fassen, dass unser Plan wirklich doch noch aufgegangen ist!

Verstohlen schaue ich zu Matti hinüber, der sich ständig mit irgendeinem Mädchen unterhält und mit den Sportpferden prahlt, die er sonst reitet. Und er macht jedem von ihnen Komplimente. Marion hat er gesagt, sie habe wunderschöne Hände, woraufhin sie meinte, es liege daran, dass sie beim Reiten Handschuhe trüge. Auch bei Sonnenschein und Hitze. Hanna hat er gesagt, dass sie zauberhaft grüne Augen hat.

Nonni wäre bestimmt nicht so und würde nicht mit Gefühlen anderer spielen. Ob ich ihn ausfindig machen kann?

Ich zügle Frekja, lasse mich zurückfallen und warte auf die Kutsche.

Oma sieht vergnügt aus, so gelöst wie schon eine Weile nicht mehr. Sindri trottet in einem aktiven Schritt voran und zieht den Wagen tapfer durch Schlaglöcher.

»Omi, kann ich dich mal etwas fragen?« Ich schiebe mir den Helm etwas höher, wische mir den Schweiß von der Stirn. Die Luft ist echt drückend heute.

»Jederzeit, was willst du wissen?« Oma streckt sich etwas auf dem Kutschbock und zwinkert mir unter dem Rand ihres Strohhuts zu. Aurelie, die neben ihr sitzt, hat ihre AirPods in den Ohren und die Augen geschlossen. Sie wirkt, als wäre sie gar nicht wirklich da.

»Kennst du einen Nonni?«, frage ich und linse immer wieder zu meiner Cousine. Aber nicht die kleinste Regung zeigt sich auf ihrem blass geschminkten Gesicht.

»Nonni, nein. Sollte ich?« Oma runzelt die Stirn, denkt nach.

»Er ist der Verfasser eines Tagebuches. Ich hab es in dem alten Schrank auf dem Heuboden gefunden«, erkläre ich und gucke sie hoffnungsvoll an. Frekja angelt nach einem Zweig, der über den Weg ragt, und ich lenke sie näher an den Wagen. Matti reitet jetzt in einer ganzen Mädchentraube.

»Ach, in dem alten Ding war was versteckt?« Oma stößt einen Pfiff durch die Zähne aus, Wind fährt durch ihre lilafarbenen Haare.

»Könnte es vielleicht jemand, der bei dir Ferien gemacht hat, dort versteckt haben?« Ich kann mich nur an ein bis zwei Ferien erinnern, die ich nicht bei ihr verbracht habe. Vor zwei Jahren im Frühling, da mussten wir nach Neuseeland auf eine Hochzeit von Papas Schwester. Und vor drei Jahren im Winter, da hatte ich Scharlach.

»Unwahrscheinlich«, brummt Oma.

Was wenn Nonni sein Pferd bei Oma für kurze Zeit in Pension hatte? »Hast du manchmal auch fremde Islandpferde bei dir gegen Mietkosten untergestellt?« Zu meiner Enttäuschung schüttelt Oma den Kopf. »Nein, nie. Auch mein Vater hat das nie getan, wir waren immer voll besetzt mit der eigenen Zucht.«

Ich grüble weiter. »Ist der alte Schrank denn noch von deinen Eltern?«, frage ich jetzt.

»Das weiß ich gar nicht so genau, er könnte auch von den Vorbesitzern des Hofes sein«, sagt Oma und schnalzt mit der Zunge, um Sindri anzutreiben. Der Pfad ist sandig, die Reifen graben sich tief ein und die Kutsche darf nicht zu langsam werden, sonst bleibt sie stecken.

»Hüh!« Die Leinen klatschen auf den Pferderücken, Sindri trabt an, zieht ein Gesicht wie drei Tage Regenwetter. Aurelie wird durchgeschüttelt und reißt die Augen auf. Ich bleibe einen Moment stumm. Soweit ich weiß, hat Oma den Hof von ihrem Papa übernommen, als sie selbst noch ganz jung war. Und bevor sie überhaupt meine Mama bekam.

»Wer waren denn die Vorbesitzer?« Ich hatte gedacht, er läge schon immer in Familienhand.

»Eine Frau aus Island, sie kehrte zurück in die Heimat und überließ meinem Vater ihre Pferde. Mit diesen Tieren hat alles angefangen, musst du wissen, die ganze Zucht.« Oma schwelgt in Erinnerungen, ein leises Lächeln schleicht sich auf ihr Gesicht.

»Zu Anfang gab es nur fünf Pferde. Zwei Hengste und drei Stuten, die zuvor mit ihren Besitzern mit der Fähre von Island nach Deutschland gekommen waren. Sie alle hatten einwandfreie Papiere und eine exquisite Abstammung. Mein Papa war zunächst nur der Hufschmied und Nachbar unseres jetzigen Hofes. Und er war so unglaublich glücklich, als man ihm ermöglichte, die Rasse hier zu etablieren und die Zucht zu übernehmen. Für ihn wurde ein Traum wahr.« Oma seufzt und guckt mich ganz versonnen an. »Weißt du, was man über die vielen Variationen der Farbgebung bei Islandpferden sagt?«

Ich denke an das Lied der Feuerpferde.

»Es sind die Farben der Seelen. Windfarben, grau, braun, schwarz, weiß, gescheckt, falbfarben …« Sie zählt weiter auf.

Meine Gedanken beginnen zu rasen, schlagen neben uns auf dem Waldboden Purzelbäume. Wenn es Nonnis Mutter gewesen sein sollte, die den Hof an meinen Uropa übergab, dann …

»Einer der Hengste war das schönste Tier, das ich je gesehen habe. Er war rabenschwarz und hatte einen strahlend weißen Stern auf der Stirn. Ich durfte ihn noch kennenlernen, als ich ganz klein war. Doch er war bereits dreiunddreißig Jahre alt. Er lebte nicht mehr ganz lange, aber ich erinnere mich gut an das feurige Temperament des Pferdes«, höre ich sie weitererzählen.

»Nykur«, hauche ich und Oma hebt den Blick. »Ja, genau, woher weißt du das?«

Wenn dieser Hengst damals schon so alt war und Nonni siebzehn, als Nykur noch jung gewesen ist, wie alt ist Nonni dann jetzt?

»Ich denke, Nykur hat früher Nonni gehört«, sage ich tonlos.

»Oh, das ist möglich. Die Frau, die an Papa verkauft hat, hatte Kinder. Einen Sohn und eine Tochter, glaube ich.«

»Was ist denn aus ihnen geworden?«, muss ich wissen.

»Sie kehrten alle wieder zurück nach Island.« Oma pfeift eine kurze Melodie. »Mein Vater sagte, dass der Familie der Abschied sehr schwerfiel, und er musste versprechen, dass er die Zucht mit so viel Engagement und nach Isländischer Tradition fortführt, wie sie es getan haben. Und dass er keines der ersten fünf Pferde verkauft, dass sie bei ihm alt werden dürfen. Und er hielt diese Versprechen selbstverständlich ein.«

Ich kann nichts mehr sagen. Mein Herz ist unfassbar schwer, ich glaube sogar, es bekommt einen Sprung. Einen ganz kleinen wie Omas Lieblingstasse, als sie vor Kurzem zu Boden fiel.

Ich werde Nonni nicht finden können. Und wenn er überhaupt noch lebt, dann ist er sehr, sehr alt.

Ich beiße mir auf die Unterlippe, um nicht zu heulen und blicke in den Himmel. Unheilvolle Wolken türmen sich auf und ich fürchte, wir werden alle einen ziemlich nassen Hintern bekommen, wenn wir Pech haben. Aber wenn es regnet, dann kann auch keiner meine Tränen entdecken, falls ich doch gleich beginne zu weinen.

2. Dezember

Gestern hat meine Mutter mich aus der Rehaklinik abgeholt und ich konnte es kaum erwarten, in den Stall zu gehen. Ich wollte es unbedingt allein tun. Trotz der Krücken.

Der vertraute Geruch nach Pferden, Heu und Mist empfing mich wie ein alter Freund. Und Nykur bemerkte mich sofort. Er spitzte die Ohren, schnaubte laut, als ich an seine Box trat. Ich stützte mich mit einer Hand am Gitter ab, stellte die Krücken zur Seite und öffnete die halbhohe Tür. Nykur zögerte, er spürte, dass ich nicht ganz bei Kräften war. Vorsichtig beschnupperte er meine Hand, die ich ihm entgegenstreckte, dann mein Gesicht. Sein warmer Atem liebkoste meine Haut und füllte mich mit Leben.

»Du hast mir so gefehlt«, hauchte ich, humpelte vorwärts. Meine

Beine gehorchten mir nicht, das rechte fühlte sich immer noch ganz taub an und ich kam aus dem Gleichgewicht. Ich sank an Nykurs Schulter, doch er blieb brav stehen, stützte mich. Meine Finger glitten durch die dichte rabenschwarze Mähne und ich hielt mich daran aufrecht. Nykur sah mich nur aus verstehenden Augen an. Und ich wusste nicht, wie mir geschah. Ich glitt hinab, ließ mich ins Stroh sinken und begann zu heulen wie ein Kind. Leise Schluchzer schüttelten mich und Nykur berührte tröstend meinen Rücken. Ich hatte kein Zeitgefühl mehr. Vielleicht waren es Sekunden, Minuten oder doch Stunden, die ich einfach in der Geborgenheit des Stalles verbrachte mit meinem Seelengefährten an der Seite.

Ich dachte daran, wie ich ihm als Fohlen einst die Flasche gab, weil seine Mutter bei der Geburt verstorben war. Es war purer Zufall gewesen, dass ich einen Ausflug mit meiner Mutter ins Hochland gemacht hatte. Es war noch Sommer und so lebten die Herden noch wild in den Hügeln. Wir nahmen Nykur mit uns ins Tal und ich kümmerte mich um ihn.

Seine samtige Nase wischte mir die Tränen fort, als er seinen Kopf senkte. Kaum zu fassen, dass er als Junghengst wild und skeptisch gegenüber Menschen war. Meine Mutter hatte sogar befürchtet, dass er trotz hervorragender Abstammung und exzellenten Veranlagungen nicht als Reitpferd und somit nicht zur Zucht geeignet sein könnte. So etwas kam selten bei Islandpferden vor. Denn dadurch, dass die Tiere über Jahrhunderte hier auf der Insel keine natürlichen Feinde hatten, waren sie mutig und gelassen. Und immer klar im Kopf.

Nykur war anders, schwierig. Deshalb bekam er den Namen des Wasserdämons in Pferdegestalt aus der nordischen Mythologie. Der Sage nach lebte Nykur unter Wasser, in Flüssen und Seen und lauerte darauf, ahnungslose Menschen in die Tiefe zu locken. In ein nasses Grab. Grab. Dieses Wort ließ mich wieder beben, als ich es dachte. Nykur pustete seinen Atem in meinen Nacken und ich tätschelte sein samtiges Fell und dachte an die strengen Winter auf Island zurück, wenn wir zusammen die zugefrorenen Seen überquerten. Meine Mutter erzählte mir gerne, dass die Menschen das Knirschen und Krachen des Eises für das Wiehern des Wasserdämons hielten. Eine Warnung vor brüchigem Eis.

Während ich dies hier schreibe, fühle ich mich in diese Zeit zurückversetzt. Ich bin wieder jung und sitze auf meinem schwarzen Pferd, das neben der Stute meiner Mutter herläuft und trittsicher durch den Schnee pflügt. Und erinnere mich wieder daran, dass ich die Schauergeschichten über den Wasserdämon nie mit meinem Freund in Einklang bringen konnte. Das war immer ein seltsames Gefühl. Ähnlich wie die Leere, die meine verlorenen Erinnerungen in mir verursachen …

# Die wahre Nelly?

Am Nachmittag erreichen wir den Haddebyer Noor, einen Binnensee mit Verbindung zum Meeresarm der Schlei, an dem sich auch die wiedererbaute Wikinger-Siedlung Haithabu befindet. Er ist ziemlich groß, aber nicht sonderlich tief. Oma sagt, nur 3 Meter durchschnittlich, dennoch tief genug, um zu ertrinken, wenn man nicht schwimmen kann. Für einen Moment wundere ich mich, dass sie bei der Warnung kurz zu Matti schaut. Doch dann gerate ich in einen Streit zwischen Hanna und Marion.

»Ich hasse es, wenn du denselben Nagellack benutzt wie ich, Hanna«, motzt Marion so laut, dass Ida, ihr Pferd, die Ohren anlegt und bockt.

»So schlimm ist es nun auch wieder nicht. Außerdem hast du mir den selbst zum Geburtstag geschenkt«, erinnert sie Hanna.

»Ja, aber da dachte ich, ich benutze diese Farbe nicht mehr.«

»Wow, Marion. Du kannst mich mal. Nelly, sag doch auch mal was«, fordert Hanna plötzlich von mir.

Ich mache nur: »Umpf«, mehr fällt mir nicht ein und die Mädchen entfernen sich voneinander.

»Wow, ist das hübsch hier«, staunt Matti derweilen und schirmt seine Augen vor der Sonne ab, die sich durch die Wolken gefressen hat. Von Weitem sieht man den Wall der Wikingerstadt, die neu aufgebaut wurde. Man hat jedes Mal das Gefühl, als wäre man tausend Jahre in die Vergangenheit gereist. Wenn man von dem blöden Motorboot auf dem See, das vorbeifährt, gerade mal absieht.

»Willkommen im Paradies«, sage ich stolz und sein Lächeln verrutscht. »Mhh, so weit würde ich jetzt nicht gehen, aber es hat Charme. Warst du schon mal in Andalusien, auf einem Gestüt? Das ist der Hammer …«

Oh Mann. Ich lasse ihn stehen, widme mich Marions Frage nach den sanitären Anlagen und halte ihr Gezeter aus, als ich auf den Wald zeige. Dann beruhige ich Virginie, die plötzlich Angst vor Bären hat.

Wenig später haben Aurelie, Matti und ich ohne nennenswerte Dispute die zwei riesigen Zelte, die mich irgendwie immer an Tipis der nordamerikanischen Ureinwohner erinnern, aufgebaut.

Die Abendsonne färbt den Himmel rosa und wir räumen unsere Schlafsäcke und persönlichen Dinge hinein. Aurelie flippt fast aus, als sie feststellt, dass ihre Powerbank kaputt ist und sie somit bald keinen Akku mehr fürs Handy hat. Als wäre es die Panik wert, mal nicht simsen zu können. Für Notfälle hat Oma ja noch ihr Funkgerät.

Ich lasse Frekjas Sattel als Rückenlehne auf den Boden sinken und verstecke meine Tasche mit meinen Halbseligkeiten und dem Tagebuch unter ihm.

Die Wasabizwillinge stolpern herein, machen es sich direkt neben mir gemütlich und packen zuerst ihre Teddys, dann Schokoriegel aus. Ich bin fast ein bisschen überrascht, dass es mal keine Nüsse sind.

»Willst du auch?«, fragen sie mich nett und mein Blick bleibt am Zelteingang hängen, durch den Matti in diesem Moment tritt. Die Abendsonne umspielt seine Silhouette und er strahlt beinahe. Marion entgeht der Anblick auch nicht.

»Nein, danke. Zu viel Zucker ist ungesund«, klugscheiße ich und denke über süße Dinge nach. Und im Allgemeinen über Jungs.

»Das stimmt nicht. Das Gehirn braucht Zucker«, antworten die beiden Lottchens und stecken ihre braunen Lockenköpfe zusammen.

»Welches Gehirn?«, kommt es von Aurelie und ich muss zugeben, manchmal ist sie echt lustig.

Marion in ihrem heiligen Kaschmirpullover zieht bei Hanna gerade den Lidstrich nach. Sie scheinen sich wieder vertragen zu haben. Jetzt linst sie zu mir herüber. »Hey, Nelly. Setz dich doch zu uns«, kommandiert sie und ich gehorche.

Sie legt ihren Zeigefinger unter mein Kinn, dreht mein Gesicht im Schein der Campinglampe von links nach rechts und murmelt etwas vor sich hin. Hanna lächelt und sortiert weitere Schminkutensilien.

»Was dagegen, wenn wir mal die wahre Nelly ein bisschen aus dir herausarbeiten?«, fragt Marion und Hanna sieht so begeistert aus, dass ich nur herumstammle und einen Sekundenbruchteil später mit Make-up bearbeitet werde.

»Weißt du, Nelly, wir sind jetzt in einem Alter, da muss man etwas mehr für sich tun. Seine Vorzüge betonen. Weißt du eigentlich, dass du wunderschöne Brauen hast und besonders schöne Wangenknochen …«

Aurelie grunzt, schlägt eines ihrer Bücher auf und in mir hallt das Wort »besonders« einen Moment nach.

»Ach, wirklich?«, frage ich.

»Still jetzt, wenn ich an dir arbeite«, befiehlt Marion und zückt einen Eyeliner. Es dauert nicht lange, bis ich einen perlenbesetzten Taschenspiegel vor die Nase gehalten bekomme. Ich blinzle.

»Und, wie gefällt dir dein befreites Ich?«, will Marion wissen und strahlt mich an. »Ich werde später Visagistin und schminke Schauspieler und Prominente. Ich hab das Talent meiner Mutter geerbt, die ist Kosmetikerin, musst du wissen.«

»Nell, la Belle«, zwitschert meine Cousine und ich bin mir nicht sicher, ob sie es ironisch meint.

Meine graublauen Augen leuchten und mein Gesicht sieht gar nicht mehr so rund aus wie sonst. Eigentlich ziemlich hübsch sogar und ein Lächeln schleicht sich auf meine Lippen. Bis Matti alle im Zelt wissen lässt, dass er natürliche Mädchen lieber mag und dass er Mogelpackungen doof findet. Eine heiße Diskussion entbrennt, bis ich aus dem Zelt flüchte und zu Frekja gehe, die mich mag, wie ich bin. Ob nun mit Schminke oder ohne.

# Von Göttern und Mädchen

Am nächsten Abend sitzen wir alle in unsere Decken gehüllt am Lagerfeuer und backen Stockbrot. Die Pferde, mit denen wir den ganzen Tag Reiterspiele veranstaltet haben, grasen ruhig in einiger Entfernung. Bis auf Frekja, die versucht wieder einmal eine Sicherheitslücke im Zaun zu finden, damit sie zu uns kommen kann. Aufmerksam spaziert sie alles ab, prüft jeden Stromdraht und jede Litze. Warum sie das wohl macht? Vielleicht ist sie in Sorge. Denn der Rauch des Feuers liegt in der Luft. Und wenn man bedenkt, dass die einzige Gefahr der Pferde auf Island die Vulkane sind, die mit Feuer, Rauch und Lava spucken, dann liegt es in ihren Genen, sich davor zu fürchten. In Nonnis Tagebuch hatte ich etwas davon gelesen, dass im Jahr 1783 n. Chr. der größte Vulkanausbruch im Süden der Insel die Pferde von ca. 32 000 auf 8500 verkleinerte. Doch die meisten Tiere starben nicht durch die Vulkane, sondern durch den Ascheregen, der die Wiesen vergiftete …

»Weiß denn eigentlich jemand von euch, woher die Islandpferde kommen?«, fragt Oma nach einer Weile und schaut in die Runde sichtlich erschöpfter Reiter. Marion sucht gerade Netz und läuft mit dem Handy vor der Nase von einer zur anderen Seite. Hanna hockt auf einem Baumstumpf und gähnt. Ihre Haare liegen platt am Hinterkopf an und ihr Pony steht wirr ab. Wenn sie wüsste, wie sie aussieht. Marion, der Style-Polizei, ist das noch gar nicht aufgefallen.

»Ja, die kommen aus der Island-Insel«, antwortet Carlotta stolz und kommt ihrer Schwester somit zuvor.

»Wusstet ihr denn, dass die Insel bis ins 8. Jahrhundert gar nicht bewohnt war?«, fragt Oma. Virginie schläft mit offenen Augen, lässt ihr Brot verbrennen und Olli ist zu müde zum Essen.

»Weil da Vulkane mit Feuer um sich spucken«, vermutet Lieselotta und lässt ihr Brot in die Flammen fallen, die es hungrig verschlingen. »Ups.«

»Gutes Stichwort. Die Natur auf Island ist sehr rau und dazu kommen die Gefahren der Vulkane. Aber eines Tages landeten norwegische Wikinger an der rauen Küste und begannen Island zu besiedeln.« Oma macht eine Pause, die Flammen zucken und zeichnen Schatten auf ihrem Gesicht. Ich muss ein bisschen schmunzeln, weil Oma Hilde hier ein wenig ungenau ist. Denn »Wikinger« nannte man damals lediglich Menschen, die auf »viking« waren. Auf Raubzug und Plünderfahrt sozusagen. Es konnte sich dabei sowohl um Norweger, Schweden oder Dänen handeln, die mit ihren Langbooten in andere Länder einfielen. Das hatten wir letztens erst im Geschichtsunterricht von Frau Langbrecht. Und es waren zumeist einfache Bauern, die Island besiedelten, also keine Wikinger in dem Sinne.

»Oh Gott, Wikinger sind gefährlich, oder?« Carlotta reißt ihre braunen Augen auf und klimpert mit den langen Wimpern.

»Ach, Quatsch, das war mal«, mischt Matti sich ein und kreuzt die Beine lässig.

»Die altnordischen Bauern und Handwerker brachten mit ihren Langbooten die ersten Pferde mit auf die Insel«, sagt Oma.

»Ja, Fjordpferde«, meint Marion abwesend und stolpert immer noch auf Netzsuche über einen Baumstumpf.

»Und keltische Ponys und andere europäische Rassen«, ergänzt Oma. »Die Islandpferde sind mittlerweile die reinste Rasse der Welt, weil seit damals keine Fremdrassen mehr eingekreuzt wurden. Und die isländische Bevölkerung ist stolz darauf und liebt ihre Islandpferde wie kein anderes

Volk. Deshalb dürfen Islandpferde, die einmal die Insel verlassen haben, auch niemals zurückkommen, um die Reinheit und Gesundheit der heimischen Tiere zu sichern.«

»Das ist ja schrecklich! Das würde mir das Herz zerreißen!«, überlege ich und blicke hinüber zur Koppel.

»Na ja, es gibt ja noch viele andere Pferde auf der Insel. Dann schließt man halt neue Freundschaften«, meint Aurelie ungerührt.

»Kein Islandpferd ist wie das andere.« Ich mag nicht daran denken, was es für mich bedeuten würde, Frekja zu verlieren. Kein Pferd der ganzen Welt könnte sie ersetzen.

»Ja, man sollte sich gut überlegen, ob man mit seinem Pferd die Insel verlässt, denn es gibt kein Zurück mehr!« Oma holt tief Luft, legt den Arm um Virginie, die neben ihr sitzt, und erzählt weiter. »Aber was viel interessanter ist, sind die mystischen Geschichten um die Pferde der Wikinger. Kennt sich jemand mit dem alten Götterglauben aus?« Es wird still, die Funken fliegen, das Feuer knistert. Irgendwo im Wald ruft ein Kauz und ich fröstle, als ein kalter Abendhauch meinen Nacken küsst.

»Ja, Thor, der Typ mit dem Hammer, ist toll!«, werfe ich ein.

»Ach ja?«, fragt Matti frotzelnd. Seine Augen funkeln im Schein des Feuers. »Stehst du etwa auf blonde Jungs?«

»Äh, nee, wieso?« Ich lache unsicher.

»Ja, Thor, der Sohn Odins, dem Göttervater. Und Odin besaß ein Pferd mit dem Namen Sleipnir. Es war das schnellste Pferd der Welt und Odin ritt mit ihm über den Himmel. Und es wird gesagt, auf diesem achtbeinigen Reittier konnte er sogar in die Unterwelt hinabsteigen«, erzählt Oma mit leiser Stimme und die Atmosphäre hier draußen verdichtet sich.

»Erzähl lieber was über Loki, Frau Bruns«, bittet Olli und gähnt. »Der ist viel interessanter.«

»Oh, da hast du dir den teuflischsten aller nordischen Götter ausgesucht«, brummt Oma und legt ein Holzscheit nach. Flammen brüllen auf. »Seid ihr denn alle bereit für solch schauerliche Geschichten?«, will Oma wissen und senkt ihre Stimme geheimnisvoll. Virginie drückt sich fester in Omas Arm, wie ich es früher tat, als ich noch klein war und sie die Geschichten erzählte.

»Ja, ja!«, freuen sich die Lottchens und auch Olli ist wieder wach und hört zu.

»Loki ist halb Gott und halb Riese, heißt es. Und er ist der Gott des Feuers und der List. Als Gestaltenwandler kann er sich sogar in ein Pferd verwandeln, wenn er will«, sagt Oma mit viel Betonung auf das Wort Pferd.

»In ein Dämonenpferd?«, fragt Carlotta nach. »Und wenn man aus Versehen draufsitzt? Was dann?« Sie grübelt.

»Dann sollte man, so schnell es geht, wieder runter von seinem Rücken«, empfiehlt Matti und gibt ihr ein neues Stockbrot, das sie im Feuer rösten kann.

»Mit der Riesin Angrboda, der Angstmacherin, wurde Loki Vater des Wolfs Fenrir, der Midgardschlange und der Todesgöttin Hel«, zählt Oma auf. »Die drei Feinde und Unheile der Welt. Die Wikinger fürchteten sie allesamt sehr. Die Midgardschlange zum Beispiel war ein Ungeheuer und umschloss mit ihrem Körper die ganze Welt, bereit sie zu erdrücken.«

Die Lottchens nehmen sich an die Hand und starren meine Oma mit offenem Mund an. Ich wette, die können heute Nacht super schlafen.

»Und ihre Tochter Hel war so abscheulich wie auch das Reich, das sie regierte.« Oma macht eine Pause.

»Hatte die ein eigenes Königreich?«, fragt Virginie ganz leise und linst zu Oma hinauf.

»Ja, Liebes, sie war eine so schreckliche Erscheinung, dass sie schon als Kind vom Göttervater Odin in die Unterwelt verbannt wurde und sie dann regierte wie eine Königin.«

»Wie sah sie denn aus?«, wollen die Lottchens wissen und kauen an ihren Fingernägeln.

»Hel wurde als weiße und schwarze Göttin bezeichnet«, erzählt Oma weiter. »Ihre obere Körperhälfte war wunderschön, aber die untere war verrottet und verwest.«

»Iih, das ist echt eklig«, sind sich die Zwillinge einig.

»Ich finde es echt schrecklich, verbannt zu werden, nur weil man hässlich ist«, kommt es ausgerechnet von Marion, das hätte ich ihr nicht zugetraut. Sie sieht richtig erschrocken aus.

»Aber das gefährlichste Kind von Loki war wohl der Fenriswolf.« Oma macht eine weitere bedeutungsschwere Pause. »Zunächst war er harmlos, nur ein Tier, aber er wuchs und wuchs und schon bald erkannten die Götter von Asgard die Gefahr, die von ihm ausging, denn er könnte sie mit Haut und Haaren fressen. Also wollten sie ihn für alle Zeiten fesseln, damit sie sicher waren vor dem Ungetüm. Doch auch die stärksten Ketten zerriss der Wolf und er kam frei …«

»Was ist, wenn der Wolf hierherkommt?«, fürchtet sich Virginie und klettert auf Omas Schoß.

Etwas raschelt im nahen Unterholz und mein Blick fliegt über die Schulter, doch ich kann nichts entdecken.

Oma steht auf und winkt die Jüngsten an ihre Seite. »Wir schauen noch einmal nach den Pferden und dann geht's ab in die Falle«, sagt sie. »Es wird Zeit, dass wir uns für den morgigen Tag ausruhen.«

Matti streckt sich und steht auf, anschließend reicht er Aurelie die Hand, um ihr aufzuhelfen.

»Gute Idee, ich bin saumüde«, meint Olli und beginnt das Feuer mit Sand zu ersticken. Plötzlich knackt es wieder im Unterholz. Die Lottchens schreien auf. Ein grauer Schatten bewegt sich. Ein Augenpaar blitzt im Schein des sterbenden Feuers.

»Der Fenriswolf!«, kreischt Virginie und Matti weicht erschrocken zurück. Alles geht ganz schnell, der Schatten springt geschmeidig wie ein Leopard über Buschwerk, landet auf vier großen Pfoten auf dem Platz und Matti fällt über seine eigenen Füße.

Aurelie erfasst die Lage als Erste. »Ein Hund, es ist nur ein Hund.«

Jetzt erkenne ich den freundlich wedelnden Wuschelhund auch. Ich atme geräuschvoll aus und muss augenblicklich lachen. Mann, Oma sollte aufhören, ihre fiesen Geschichten zu erzählen.

»Hahaha, Matti, du hättest dein Gesicht sehen sollen«, sage ich und halte ihm meine Hand entgegen. Er ergreift sie nicht. In seinem Gesicht geschieht plötzlich so viel. Scham, Zorn, der sofort verschwindet und durch eine Maske aus Spott ersetzt wird.

»Ich brauche keine Hilfe«, knurrt er und ich ziehe meine Hand zurück. Reiße den Blick von ihm los und die Bienen in meinem Bauch stechen.

Aurelie geht in die Hocke, um den Besucher zu sich zu rufen. Er wedelt fröhlich mit dem Schwanz und begrüßt sie freundlich, dann rennt er einmal durch die Runde. Virginie flüchtet hinter mich, zerrt an meiner Kleidung. Ich halte den vermeintlichen Wolf auf Abstand. Er trägt ein Halsband und gehört bestimmt zu einem der nahen Höfe und wollte lediglich einen Abendspaziergang machen.

Matti kommt wieder auf die Beine, klopft sich den Schmutz von der Hose. Und ich bin mir sicher, Stechviecher im Bauch können um einiges gefährlicher werden, als Fenriswölfe oder ferne Götter in Asgard.

# Schlaflos unter Sternen

Ich kann einfach nicht einschlafen. Aurelie wälzt sich die ganze Zeit unruhig hin und her. Olli schnarcht ziemlich laut und Virginie redet im Schlaf. Wenn sie auch sonst nicht viel sagt, jetzt macht sie eine Ausnahme. Ich schnappe mir das Tagebuch von Nonni und meine Taschenlampe und schleiche mich leise aus dem Zelt. Die Sterne funkeln am tiefschwarzen Himmel und ich gehe hinüber zu den Pferden. Frekja liegt entspannt unter einem Baum und ich krieche durch den Stromzaun.

»Hallo, mein Schatz«, flüstere ich und sie begrüßt mich mit einem leisen Brummen. Die anderen Tiere stehen unweit von uns, dösen oder grasen. Ich lasse mich auf Kopfhöhe meiner Stute nieder, wuschle Frekjas Mähne und sie blinzelt freundlich.

»Kennst du das Gefühl, wenn man sich einsam fühlt, obwohl man nicht alleine ist?«, frage ich sie und lehne meine

Stirn an ihre. »Ich weiß, es ist albern. Aber manchmal denke ich, niemand versteht mich.«

Ich atme tief ihren Duft ein, löse mich von ihr und Frekja angelt nach dem Reißverschluss meiner Jacke. Sie zupft an ihm, zieht ihn ein Stück auf und wieder zu. Dann erwischt sie den Zipfel eines Taschentuchs in einer der Taschen.

»Was willst du mir jetzt damit sagen? Ich soll nicht so herumjammern?« Ich lächle, nehme es ihr ab. »Meinst du, es gibt da draußen jemanden, der nur auf mich wartet?«

Ich schiebe mich an ihre Seite, kuschle mich in ihr weiches Fell und sie seufzt zufrieden. Mein Blick wandert zum Himmel und meine Finger fahren den Rand des Tagebuches ab.

»Du hast recht, Frekja. Vielleicht gibt es irgendwann jemanden. Einen Jungen, der vielleicht so poetische Tagebücher schreibt wie Nonni?«

2. Januar

Manchmal, wenn ich nicht schlafen kann, denke ich an die isländischen Winter. Ich kann mich noch ganz genau an einen viel zu frühen erinnern, als ich zwölf war. Er kam auf leisen Sohlen, wie ein Wolf schlich er sich an und überraschte uns, als wir unsere bunte Pferdeherde zurück ins Tal treiben wollten.

Es muss so wunderbar sein, sich so frei zu fühlen wie die Pferde, die den ganzen Sommer wie Wildpferde leben. Kein Hirte, kein Zaun, nur Ungezwungenheit.
Es war das dritte Mal, dass ich mit meiner Mutter und meinem Großvater mitreiten durfte. Ich würde wieder mittendrin sein in diesem aufregenden Geschehen und nicht wie zuvor als Kind nur Beobachter des alljährlichen Spektakels. Und selbst das war schon atemberaubend schön, wenn man mit Spannung auf das Grollen wartete, das allem voranging, wenn die tausend Tiere nahten. Wie Trommelwirbel, die immer lauter wurden, hörte sich das Hufgetrappel an. Ich kann mich genau erinnern, wenn ich die Augen schließe: Irgendwann begann der Boden zu vibrieren und dann waren sie da. All die Seelenfarben. All die braunen, weißen, fuchsfarbenen, schwarzen, gescheckten und windfarbenen Pferde, mit fliegenden Mähnen und weiten Nüstern, die auf den Wegen und Wiesen aus den Bergen hinabströmten. Die Leittiere zuerst und am Schluss die Reiter, die sie zusammenhielten und sie mit lauten Rufen anfeuerten.
Und kurz nach meinem zwölften Geburtstag ging es los. Nykur war an diesem Tag, als wir noch im Dunklen aufbrachen, unruhiger als sonst. Er war mittlerweile ein zuverlässiger Partner geworden, doch in den ersten Minuten des Ritts bockte er und warf immer wieder den Kopf steil in den Nacken.

Es war erst Ende September und dennoch fraß sich der kalte Wind in meine Reitjacke und in die Weste darunter. Nykur fiel nach Ewigkeiten in einen sachten Tölt über Stock und Stein und folgte den anderen Reitern, nachdem ich ihm immer wieder gut zugeredet hatte.

Vielleicht hätte ich damals auf ihn hören sollen, erspüren können, was er längst wusste. Dass wir in eine Gefahr liefen, die tödlich enden könnte.

Es ging über Bäche und durch Flüsse, über Lavagestein und Sandwege. Nykur machte seinen Job meistens von ganz allein, wie Islandpferde es halt so tun. Dann und wann legte er eines seiner Plüschohren nach hinten, um sich zu erkundigen, ob ich wirklich hinauf zu den Trollbergen wollte, und töltete dann voran. Geröllfelder wechselten mit grünen Flächen und ich richtete mir meine Skimaske, die ich unter dem Helm trug, weil die Kälte tief in meine Haut schnitt.

Plötzlich begann es zu hageln und Dunkelheit verschluckte uns. Meine Mutter sah besorgt in den Himmel. Eigentlich ist es nichts Besonderes, dass das Wetter auf der Insel schnell umschlägt. Aber in diesem Moment fühlte es sich anders an. Natürlich wussten wir, dass der Winter nicht mehr weit war. Er kam beinahe immer nahtlos auf den Sommer, den Herbst kennt Island nicht.

Ich entdeckte die Herde mit einigen Jungtieren zuerst.

Der erste Schnee glitzerte so unwirklich auf den Bergkuppen, als die Sonne ein letztes Mal durch dichte Wolken brach, dass einer der Reiter von Elfenzauber sprach.
Hektik brach aus, schneller als sonst bekamen wir die Herde in Bewegung und die Pferde ließen sich brav talwärts treiben. Eben noch jagten wir durch einen Gebirgsfluss und schon schossen wir über den Bergkamm hinab ins Tal. Ein Meer aus bunten Pferden brach wie schäumendes Wasser über Klippen und wurde hinabgespült. Mein Herz bebte mit dem Donner der Hufe um die Wette, die Luft vibrierte.
Und als die Pferde auf ihre Besitzer aufgeteilt wurden, bemerkten wir schnell, dass uns rund fürfzig Tiere fehlten. Meine Mutter wurde so bleich wie der Schnee, der sich schon bald meterhoch auftürmte, und die ganze Nacht rätselten wir, was zu tun sei. Denn wenn wir sie nicht nach Hause brachten, wäre es ihr Todesurteil. Auf Island ist der Winter immer noch eine Frage des Überlebens.
Ich hörte damals meine Elterr heftig streiten in dieser Nacht. Es ging um Verantwortung, um Liebe. Und dass mein Vater das niemals verstehen würde.
Meine Mutter wagte sich auf den Ritt. Und mein Vater ließ sie alleine ziehen, was ich nicht aushielt. Die Hilflosigkeit, die ich an diesem Tag empfand, erinnert mich an die von heute.

Nykur war an diesem gefährlichen Morgen schnell bereit gemacht und meine Mutter konnte mich nicht abschütteln. Ich ritt einige Meter hinter ihr über schneebedeckte Wiesen und sie ließ mich widerwillig aufholen. Wir sagten kein Wort, bis wir den Kamm erreichten und uns durch die ersten Schneeverwehungen gekämpft hatten. Unsere Pferde schnaubten angestrengt, ihre Rücken dampften.
Das Geräusch von Rotoren ertönte und füllte die Luft. Ich sah hinauf in den grauen Himmel und entdeckte zwei Hubschrauber, die uns bei der Suche unterstützen sollten.
Vielleicht hätten wir die fünfzig Pferde lieber aufgeben sollen.
Mit jedem weiteren Schritt nagten Zweifel an mir. Eine nervöse Herde war nicht leicht zu navigieren. Wenn sie auseinanderbrach, würden wir nie rechtzeitig unten ankommen. Nicht bevor wir selbst eingeschneit und abgeschnitten vom Tal waren.
Neben uns huschte etwas im Dickicht umher. Unsere Pferde schreckte das nicht, stoisch stapften sie weiter und ich atmete erleichtert auf, als wir den Hubschrauber sahen, der uns anzeigte, wo die Herde sich aufhielt.
Doch ehe ich mich richtig freuen konnte, rutschte Nykur auf Eis und stürzte. Es waren nur Bruchteile von Sekunden und ich landete die Schulter voran auf etwas Hartem.
Der Schmerz lähmte mich für Minuten und ich wusste kaum, wo unten und oben war. Meine Mutter tauchte neben mir auf, zerrte

mich auf die Beine. Schnee rauschte um uns herum, stach wie Nadeln in den Augen.

Und all meine Tapferkeit drohte mit dem Wind zu verfliegen.

Wir entschieden, dass ich warten sollte, bis sie mit der Herde zurückkam. Ich sah meiner Mutter dabei zu, wie sie mit Freya im Schnee verschwand. Es war, als würde sie einfach eine weiße Wand verschlucken.

Wie meine Erinnerungen an meinen Unfall am See verschluckt wurden.

Damals im Schneegestöber hatte Nykur sich verletzt, es war keine schlimme Wunde, aber dennoch blutete sie. Rot tropfte ins frische Weiß und ich sank in den Schnee, als mir der Gedanke kam, dass meine Mutter uns vielleicht nicht wiederfindet. Doch Nykur blieb treu an meiner Seite, daraus schöpfte ich Hoffnung.

Es dauerte eine gefühlte Ewigkeit, bis ich die Rotoren der Hubschrauber wieder hörte und bis sich die Umrisse von Pferden aus dem Grauweiß des Sturms schälten. Sie hatten uns gewittert und wussten, was zu tun war. Meine Mutter ritt voran und im Gänsemarsch folgten die Tiere Nase an Schweif. Nicht eines verließ die Spur und ich reihte mich mit Nykur ein. Fünfzig verloren geglaubte Pferde, meine Mutter mit der tapferen Freya und ich auf Nykur kamen lebend im Tal an. Wenn Wunder geschehen, wo bleibt mein Wunder jetzt?

Tränen laufen über mein Gesicht. Ich stelle mir diesen Treck aus Pferden vor, diesen berührenden Anblick. So unwirklich, überwältigend und mystisch wie aus einem Märchen.

»Ach, Frekja, du würdest mich auch so beschützen«, bin ich mir sicher und streichle ihre Nase. Dann klappe ich das Buch zu und stehe auf. Meine Gedanken sind wild, ungezähmt und bunt wie die Seelenfarben all der schönen Feuerpferde.

Ich wandere eine Weile am Seeufer des Haddebyer Noors entlang und wate mit nackten Füßen durch Wasser. Irgendwann nehme ich auf einem Stein Platz und betrachte den Mond, wie er sich auf der glatten Wasseroberfläche spiegelt.

Plötzlich erschrecke ich zu Tode, als eine dunkle Gestalt wie aus dem Nichts hinter mir auftaucht und ein Klicklaut ertönt. Die Kamera!

»Verdammt, Matti!«, stoße ich aus und er ist schneller bei mir, als ich noch etwas sagen kann. Er berührt mit seinem Finger meine Lippen, um mir zu bedeuten, nicht so laut zu sein. Sie prickeln von der flüchtigen Berührung.

»Sag mal, bist du lebensmüde?«, frage ich nun etwas leiser und funkle ihn an. »Ich hätte dich aus Versehen erschlagen können, wenn du dich so anschleichst.«

Er grinst, seine geraden Zähne sind ein heller Blitz im Mondschein. »Mit dem kleinen Buch da?« Er deutet amüsiert auf meine leicht erhobene Hand, in der ich Nonnis Tagebuch habe.

»Möglicherweise.«

Er hockt sich neben mich, schaut auf sein Kameradisplay und prüft das Foto, das er eben ungefragt von mir gemacht hat.

Dann stutzt er. »Sag mal, hast du geweint?«

Er vergrößert das Bild, lässt die Kamera sinken. Mit einer sanften Bewegung wischt er mir eine Träne von der Wange und ich stehe auf, fühle mich plötzlich in die Enge getrieben.

»Nein, natürlich nicht«, beeile ich mich zu behaupten.

Er erhebt sich auch, legt den Kopf schief.

Meine Stimme versagt, weil er mir so nahe kommt. Er steht jetzt direkt vor mir, schaut unter langen Wimpern auf mich hinab. »Warum bist du denn traurig?«

»Ich weiß nicht so genau«, stottere ich. »Und du, warum schläfst du nicht? Wolltest du ein Bad im See nehmen?«, lenke ich ab und lächle.

»Nein, eher nicht … ich kann nicht schwimmen«, gesteht Matti mir, geht auf mich zu und greift nach meiner Hand. »Als ich fünf war, bin ich fast ertrunken. Seitdem mag ich Wasser nicht sonderlich.«

Ich verharre in der Bewegung, blicke ihn an. »Das ist schrecklich.«

»Ja, war nicht schön.« Seine Stimme ist leise. »Eigentlich wollte ich nur den See bei Mondschein fotografieren«, meint er.

»Nur zu.« Sein Arm liegt nun locker an meiner Taille.

»Ach, das kann ich später noch machen«, antwortet er lässig und schaut übers Wasser.

»Wenn du Models dafür brauchst, reißen sich die anderen Mädels bestimmt darum, für dich im See zu posieren«, höre ich mich reden.

»Gute Idee.«

»Die lassen sich bestimmt nicht zweimal bitten. Sie flirten gerne mit dir.« Ich lache unsicher.

»Ist das so?« Er zieht die Augenbrauen zusammen.

»Na, du machst ihnen ja auch viele Komplimente.« Warum rede ich nur so einen Kram?

»Ich habe Schwestern, ich weiß, wie wichtig so was bei euch Mädchen ist«, gibt er ungerührt zu und wir verstummen eine Weile.

Die Stille zieht sich in die Länge und Matti nimmt die Hand von meiner Hüfte und zeigt mir das Foto, das er von mir geschossen hat.

»Schau mal, du siehst aus wie eine Nixe, die dem See entflohen ist und sehnsüchtig auf ihn zurückblickt«, meint er und ich nehme ihm die Kamera ab. Es sieht wirklich ein wenig so aus, wie ich die Beine unter dem Po habe und leicht schräg auf dem Felsen sitze, die langen Haare offen, halb vor dem Gesicht. Dann scrolle ich weiter und das nächste Bild ist von Aurelie, wie sie bei Sonnenuntergang vor einem Baum steht. Ihre Augen leuchten richtig und ihre Haltung ist so stolz, so wunderschön. Ich schlucke trocken und gebe Matti seine Kamera wieder. Ungelenk legt er sie fort, auf einen Stein inmitten von Schilf.

»Also, was ist los? Du kannst mir alles sagen«, behauptet er sanft und wir setzen uns in Bewegung, spazieren am Ufer entlang und blicken hinüber zum Haddebyer Halbkreiswall, der bestimmt tausend Jahre alt ist und die Siedlung schützen sollte. Sein Arm legt sich federleicht um meine Schulter.

»Du warst den ganzen Tag schon so anders.« Matti bleibt stehen und lässt mich wieder los.

»Das ist dir aufgefallen?« Ich blinzle, weiß nicht, was ich sagen soll.

»Mir fällt so einiges auf. Wie gesagt, ich hab Schwestern.« Das Wasser des Sees plätschert leise, es ist so friedlich hier.

»Machst du dir noch Sorgen um den Hof? Ich meine, mit dem geht es bestimmt bergauf.« Er ist kurz still, dann fragt er leise: »Oder liegt es an mir?«

»An dir?«

»Bist du vielleicht ein bisschen eifersüchtig? Weil ich so viel mit Aurelie unterwegs bin?« Seine Stimme ist leicht neckend, vielleicht meint er die Frage nicht mal ernst …

»Ich hab kein Problem damit, dass du auf Aurelie stehst«, sage ich also und ernte eine Stille, die so unangenehm ist, dass es mich schütteln will.

»Oh, okay. Das ist gut zu wissen, aber ich war nur so viel mit ihr zusammen, weil sie jemanden zum Reden gebraucht hat. Und sonst hat sich niemand die Zeit für sie genommen«, antwortet er in einem vorwurfsvollen Ton. »Der Todestag ihrer Mutter war gestern, Nelly.«

Scheiße, wie hatten wir das vergessen können? Sogar Oma scheint es nicht auf dem Zettel gehabt zu haben, bei dem ganzen Trubel.

Plötzlich bin ich in einer Zeitschleife gefangen. Es war Aurelies sechster Geburtstag gewesen und sie wollte unbedingt an dem Tag Luftballons in den Himmel steigen lassen. Doch Lilli, ihre Mama, hatte vergessen, welche zu kaufen. Deshalb fuhr so noch einmal an diesem Abend im März los. Die Stunden vergingen wie im Flug. Wir spielten in ihrem Zimmer Königin und Drachen mit anderen Kindern, bis es an der Tür klingelte und ihr Vater zwei Polizisten öffnete. Meine Mutter fing Aurelie noch am Treppenansatz ab, doch da begriffen wir schon, was geschehen war. Es hatte einen Autounfall gegeben. Lilli war schwer verletzt gewesen. Die Worte der Beamten donnerten zu uns herüber und zeitgleich öffnete der Himmel seine Pforten und es begann draußen furchtbar zu regnen. Als weinten all die Engel auf den grauen Wolken zeitgleich für Aurelie, die wie versteinert dastand, während ihr Vater sofort ins Krankenhaus fuhr. Lilli starb vier Monate später.

Ich blinzle, versuche die Bilder aus meinem Kopf zu bekommen.

»Aurelie lässt ja auch niemanden an sich heran«, verteidige ich mich.

»Harte Schale, weicher Kern, schon mal gehört?« Mattis Blick sagt so vieles, vor allem dass es meine Aufgabe gewesen wäre, mich mit ihr auseinanderzusetzen. Ich will umkehren, zurück zu Frekja, Matti greift meine Hand, hält mich zurück.

»Jetzt lauf doch nicht einfach weg.«

»Erst willst du wissen, was ich für Kummer habe, und dann machst du mir Vorwürfe, weil ich mich nicht genügend um meine Cousine kümmere?«

Er atmet scharf ein. »Hör mal, ich meine ja nur, ihr könntet euch bestimmt viel geben, wenn ihr offen miteinander wärt.«

»Du kennst weder mich noch meine Cousine wirklich«, stelle ich klar.

»Aber ich habe eine gute Menschenkenntnis.« Er eilt mir nach, als ich flüchten will. Und dann geht alles ganz schnell. Er greift nach mir, ich weiche aus, tauche unter seinem nachgreifenden Arm und stolpere. Mit meinem vollen Gewicht reiße ich Matti mit mir zu Boden. Und unendlich lange Sekunden liegen wir einfach da wie ein Liebespaar. Seine Lippen nur noch Zentimeter von meinen entfernt. Bis er peinlich berührt aufsteht, sich entschuldigt, seine Kamera holt und davonstapft.

# Eine Bombenstimmung

Virginie heult Rotz und Wasser. Sie steckt in einem altertümlichen Leinenkleid, das ihr wirklich gut steht, und sieht mit ihrem hellen Haar, das kunstvoll von Aurelie geflochten wurde, aus wie ein echtes Wikingerkind. Wir haben gerade allesamt die Führung durchs Museum gemacht, antiken Schmuck und ein Drachenboot bestaunt und viel über die Geschichte gelernt. Und über die Legende des Schatzes der Feuerpferde, der in einem nassen Grab im Schutze weißer Knochen noch immer darauf wartet, gefunden zu werden.

Ich kann mir nicht vorstellen, dass es ihn wirklich gibt. Dennoch komm ich nicht umhin darüber nachzudenken, dass solch ein Fund all die Geldsorgen des Hofes auslöschen könnte. Vielleicht sollte ich umsatteln und von der Kinderbetreuung auf Archäologie übergehen?

Nun sitzen wir in einem der sieben nachgebauten Lehmhäuser, um Körbe zu flechten.

»Hat Ginie eine Leberlaus?«, fragt Carlotta und mümmelt einmal mehr ihre Wasabi-Nüsse. Sie trägt Lederbänder im

Haar, die sie beim Bogenschießen auf dem Aktiv-Platz gewonnen hat.

»Das heißt Laus, die über die Leber läuft«, berichtigt Lieselotta und hakt etwas fürsorglicher nach. »Was hat sie denn, die Kleine?«, säuselt sie, wobei sie selbst nur ein Jahr älter ist als Virginie.

»Ihr Korb ist kaputt«, erkläre ich und versuche ihn wieder hinzubekommen. Dabei reiße ich mir beinahe meine alte Wunde vom Hufkratzerunfall wieder auf und verschlucke einen Fluch. Virginie schnieft und bohrt mit dem Schuh im sandigen Boden. Dielen oder Fliesen hatten die Wikinger früher noch nicht im Haus.

»Ich will zum Zelt«, sagt sie zwischen zwei Schluchzern und ich weiß, es liegt viel mehr daran, dass wir die Pferde heute nicht mit in diese heiligen Hallen bringen durften, und weniger an dem doofen Korb. Das Mädchen trennt sich nur äußerst ungern von ihrer braunen Tinna. Sie sind ein wirklich gutes Team geworden, die beiden.

Oma kommt zu meiner Rettung und nimmt das aufgelöste Mädchen mit sich an die frische Luft, während unsere Museumsführerin und Fachkundige für Wikingerlebensführung weiter ihre Geschichten über diesen Ort erzählt.

»Haithabu war das Handelszentrum der Wikinger im

9. Jahrhundert und es tummelten sich Menschen aus ganz Europa hier. Habt ihr eine Idee, woher man das weiß?«, fragt die Frau in wunderbar altertümlicher Kleidung und flicht ihren Korb so geschickt zu Ende, dass ich echt staune.

»Na, sie werden es uns bestimmt verraten, egal ob wir wollen oder nicht«, zwitschert Marion und andere Mädchen kichern.

»Ganz genau, und ich kann es euch sogar demonstrieren, wenn ihr weiterhin so frech seid.«

Das Kichern verebbt. »Und zwar sind hier ganz verschiedene Gräbertypen gefunden worden. Zum Beispiel dänische Brandgruben …«

»Was soll das denn sein?«, fragt Carlotta.

»Gruben, in denen die Toten verbrannt wurden«, vermute ich.

»… schwedische Kammergräber, sächsische Urnengräber …«

»Meine Oma wohnt jetzt auch in einer Urne«, wirft Lieselotta fachmännisch ein und der Gedanke an Lilli, Aurelies Mutter, brennt sich wieder in meinen Geist. Meine Cousine ist bei den Pferden geblieben und bereitet das Mittagessen vor. Ich wollte eigentlich an ihrer Stelle bleiben, aber als ich sah, dass Aurelie mit Sindri, unserem Kutschpferd, sprach und das auf eine Weise, die ich nie zuvor bei ihr beobachtet hatte, mochte ich sie nicht trennen. Die sonst so mürrische Schimmelstute hörte ihr aufmerksam zu und hielt ganz still, als das schwarzhaarige Mädchen sich an sie heranwagte und ihre vielberingten Finger durch ihre Mähne fahren ließ. Beinahe hielt ich selbst die Luft an, in diesem Moment am frühen Morgen.

»… aber auch christliche Erdgräber«, endet die Frau in monotoner Stimmenlage und ich blinzle.

Ich muss daran denken, dass Wikinger oft mit ihren Pferden beerdigt wurden. Ich finde die Vorstellung schön, dass man auch nach dem Tod nicht getrennt wäre.

»Wann machen wir denn endlich Feuer?«, wollen die Lottchens wissen. Voller Ungeduld schauen sie die Frau an, die sich alle Mühe gibt, ihre Geschichten an uns weiterzugeben. Sie tut mir leid, weil es nicht so gut funktioniert.

»Ihr wollt also unbedingt wissen, wie man früher eine Feuerstelle entzündete?«, lässt sie sich darauf ein und die Augen der Zwillinge leuchten, während sie bereits aufspringen und somit die Weidekorbflechtaktion sprengen.

So kommt es, dass wir uns wenig später im Haus des Fischers wiederfinden, alle versammelt um die große Feuerstelle, die zu Demonstrationszwecken hergerichtet ist.

Ich bekomme zwei Eimer in den Arm gedrückt. »Würdest

du so gut sein und Wasser aus dem Kastenbrunnen holen? Nur für den Fall …« Ich entscheide mich, die beiden Nervzwerge mit zum Brunnen zu nehmen, damit die arme Wikingerfrau mal eine Pause bekommt. Manchmal frage ich mich, ob die kecken Mädels sich absichtlich dumm stellen, um andere zu ärgern.

Museumsbesucher bewegen sich zwischen den Häusern mit kleinen Gärten auf Bohlenwegen und schauen sich staunend um. Statisten des Museums backen Brote, brennen Keramik oder zeigen anderes Kunsthandwerk aus der damaligen Zeit. Nicht weit entfernt, sehe ich eine unserer Gruppe im Aktivitätsbereich Bogenschießen. Da hätte ich jetzt auch mehr Lust zu.

»Das Ding ist ein Brunnen?«, fragen die Zwillinge skeptisch und ich stemme den schweren Holzdeckel von dem Kasten.

»Guck mal, Lieselotta, da unten glitzert's so schön!«, krakeelt auch schon Carlotta, während sie sich gefährlich über den hölzernen Rand lehnt und in die Tiefe schaut.

Ich greife nach ihrer Schulter.

»Sag mal, bist du lebensmüde? Willst du da reinfallen?«, hauche ich erschrocken, als Lieselotta es ihrer Schwester auch schon nachmacht.

»Oh ja, tausend Sterne sind da reingefallen.«

»Wisst ihr, was passiert, wenn *ihr* da reinfallt?«, setze ich an und werde unterbrochen.

»Ja, man kommt zu Frau Holle und muss Betten aufschütteln und dann wird man Goldmarie«, veräppeln mich die beiden ganz selbstverständlich und ich lasse einen riesigen Eimer an einem dicken Seil in die Tiefe gleiten.

»Nein, das ist falsch. Das Wasser ist eiskalt und tief und die Wände des Brunnens so glatt, dass man sich nirgends festhalten kann. Das bedeutet, man ertrinkt.«

Meine Worte zeigen unerwartet Wirkung, denn die beiden Lockenköpfe wechseln einen Blick, stoßen sich vom Brunnen ab und entfernen sich über ihren letzten Schwimmkurs quatschend in Richtung nachgebauten Steg, an dem Leute darauf warten, dass das Wikingerboot sie zu einer Tour auf dem See mitnimmt.

»Na toll«, brumme ich und mühe mich ab, den vollen Eimer hochzubekommen und das Wasser in die beiden anderen umzufüllen. Wind frischt auf, fährt mir durchs Haar, während etwas dort unten meinen Blick fesselt. Die Zwillinge haben recht, dort unten liegt ein unbestimmter Schimmer, der umherhuscht und kleine Sterne funkeln lässt. Es ist wunderschön und ich muss unbedingt nachfragen, ob es sich bei diesem Kastenbrunnen um einen Wunschbrunnen handelt.

Am Nachmittag sind wir zurück bei den Pferden und jeder kümmert sich ausgiebig um seinen Schützling.

Wir striegeln, bürsten, kraulen und untersuchen ihre Körper, um sicherzustellen, dass es jedem einzelnen Tier gut geht. Nur Marion muss zu ihrer Ida gezwungen werden, weil sie panisch ihr Handy sucht. Und nachdem sie gefühlt jeden beschuldigt hatte, es gestohlen zu haben, hat Oma ein Machtwort gesprochen, dass sogar Aurelie zusammenzucken ließ.

»Himmel, Barsch und Zwirn, es gibt Wichtigeres als soziale Medien!«, hatte sie gemotzt und Carlotta fragte, was der Fisch damit zu tun hat.

Virginie geht richtig in ihrer Aufgabe auf und singt sogar ganz leise ein Lied.

»Du, gib mir mal das Teil, neben dem Zeug, das auf dem Ding liegt«, höre ich Aurelie, die sich um Sindri kümmert.

»Häh?«, fragt sich Carlotta, die nicht versteht, was sie von ihr will.

»Mon Dieu, das Dingsbums!« Sie fuchtelt mit den Händen, was Sindri die Ohren drohend anlegen lässt. Sie mag keine hektischen Bewegungen.

»Das ist eine Wurzelbürste«, überlegt Carlotta und runzelt die Stirn.

Ich schmunzle ein wenig in mich hinein und striegle Frekja Staub und Sand aus dem Fell. Matti ist mit Blakkur beschäftigt, der gerade einmal mehr versucht ihn zu veräppeln. Er hebt nie den Huf, den Matti gerade haben will, um ihn auszukratzen. Sondern den auf der anderen Seite. Und wenn Matti dort ist, geht das Spiel von vorne los.

Aurelie teilt ihre Banane mit Sindri und die Stute sieht ziemlich zufrieden aus, als sie wieder hübsch in ihre Fliegendecke verpackt neben meiner Cousine hertrottet. Sie erzählt ihr irgendwas auf Französisch und Sindri lauscht aufmerksam ihrer Stimme. Ich schätze, sie steht auf die Sprachmelodie.

Mitten in dieser Harmonie, ertönt plötzlich ein Knall. Die Erde zittert. Es ist ein unbeschreibliches Gefühl, das Vibrieren geht mir in jeden einzelnen Knochen über.

»Ah, ein Erdbeben!«, kreischt Marion. Ida steigt, reißt sich los und rennt mit steil aufgestelltem Schweif davon. Tinna scheut genauso und reißt Virginie von den Beinen.

»Die Apokalypse!«, kreischen die Zwillinge. Ich wirble herum, weiche gerade noch Fjodor und dem amokpupsenden Odin aus, die auf mich zuhalten, und stürze der Länge nach hin. Frekja tänzelt umher, ist sich unschlüssig, ob sie den anderen folgen will. Ich umklammere ihren Strick mit beiden Händen. Oma taumelt aus einem der Zelte, in dem sie sich ausgeruht hat. Ihre lila Haare stehen wirr ab, sie hat einen Kissenabdruck im Gesicht.

»Ganz ruhig, weg von den Bäumen«, kommandiert sie. So schnell wie das Beben gekommen ist, verebbt es auch wieder. Matti und ich tauschen einen schnellen Blick, ich fange Frekja ein und funktioniere den Strick zu Zügeln am Halfter um. Matti ist schneller als ich und schon auf Blakkurs Rücken, als ich mir von Marion hochhelfen lasse. Das ausgerechnet Aurelie das Kutschpferd noch bei sich hat, wundert mich nur kurz, da jage ich auch schon Matti nach, der in einem großen Bogen versucht der Herde den Weg zur Straße abzuschneiden. Es wäre eine Katastrophe, wenn sie sie erreichen sollten.

Frekja wird schneller, ich greife in ihre Mähne, ihr Rücken ist verdammt rutschig. Als ranghohe Stute übernimmt Assa, eine Falbstute, die Führung, die Herde bricht auseinander, als Blakkur die Flanke erreicht. In der Ferne kann ich schon die Autos sehen, wie sie über den Asphalt rauschen. Ich schnalze, treibe Frekja zur Höchstleistung an und sie fliegt mit mir. Ihre Hufe sprühen Funken, zumindest könnte man das meinen. Ihr Atem geht stoßweise, mit jedem langen Galoppsprung, den sie tut. Konzentriert lenke ich sie in einen großen Bogen. Matti ahnt, was ich vorhabe, unsere Blicke verhaken sich miteinander und er nickt mir zu, lässt sich zurückfallen, damit die Herde genügend Raum bekommt, um den Kurs zu ändern.

Frekja und Assa sind auf einer Höhe. Kopf an Kopf galoppieren wir, dann überhole ich sie, gebe Frekja die Schenkelhilfe nach links, um zu Assa zu schwenken.

Und endlich dränge ich die Leitstute ab. Mit lauten Rufen veranlasse ich sie dazu, noch weiter abzudrehen und die anderen folgen ihr. Sie fällt in einen Trab, ihre Körperhaltung ist angespannt und stolz. Sie sieht so wild und frei aus, der Strick an ihrem Halfter tanzt an ihrer Seite und peitscht sie zusätzlich auf. Frekja schnauft und ich lasse die Zügel lockerer.

Omas Pfiffe ertönen vom Zeltplatz, das Fütterungssignal, und Assa spitzt die Ohren. Sie fällt in einen schwingenden Trab, schüttelt ihren Kopf und kehrt um, führt die anderen zurück zum Zeltplatz. Matti und ich folgen ihnen, sorgen dafür, dass keines der temperamentvollen Pferde zurückbleibt.

»Das war knapp«, haucht Matti neben mir und trabt auf meiner Höhe. »Was war das bloß?«

»Ich habe keine Ahnung.« Man hätte meinen können, die Welt bricht auseinander.

# Der Wikinger in dir

Am nächsten Tag stehen die Wikingerspiele an. Matti und ich haben einen wilden Parcours aufgebaut, den alle zu Pferd bewältigen müssen. Verkleidet in Wikingerkostümen und bewaffnet mit Lederbällen, mit denen sie Pappgegner umwerfen und verschiedenfarbige Hammer einsammeln müssen. Das Unglück von gestern ist fast vergessen. Es hat sich herausgestellt, dass unweit von uns ein Blindgänger aus dem Zweiten Weltkrieg kontrolliert gesprengt wurde. Aber uns war diese winzige Information leider entgangen. Oma sagte, das würde ein Nachspiel haben, sie würde sich beim Landkreis beschweren.

Ich bin schon mit ganz anderen Spielen beschäftigt. Mit Wettrennen, um genau zu sein.

Aurelie hat den ganzen Tag für sie ziemlich untypisch stumm wie ein Fisch mitgeholfen und steht nun bei Sindri, die uns als Transporttier half und die Utensilien in einem kleinen Wagen hinter sich hergezogen hatte. Frekja ist einmal wieder ausgebüxt und hat eine Gerte gefunden. Nachdem sie eine

Weile friedlich daran herumgenagt hatte, ist sie dazu übergegangen die Zwillinge, die sie ihr wegnehmen wollten, damit zu jagen. Es sieht saukomisch aus. Und ich lasse sie einfach machen, denn solange stellen die Kinder wenigstens nichts an.

»Das wird ein Fest«, sage ich zu Aurelie und lasse mich neben sie ins hohe Gras der Anhöhe fallen. Matti geht die Strecke über die Wiese und dem Waldstück noch einmal ab und sucht nach versteckten Gefahren. Wir wollen ja niemanden nach Walhalla schicken. Er hat nur wenige Blicke für uns übrig und das peinliche Ereignis von vorgestern Nacht ploppt immer wieder in meinem Geiste auf.

»Wenn du das sagst«, antwortet meine Cousine desinteressiert. Ich betrachte ihre Flechtfrisur, die ihre schönen Wangenknochen hervorhebt. Am Ansatz steht ihr Haar wild ab, an den Seiten sind vier schmale Zöpfe streng nach hinten gebunden. Ihr dramatisches Make-up harmoniert perfekt mit dem dunklen Kleid und dem altertümlichen Lederwams. Sie sieht wirklich aus wie eine echte Schildmaid, viel authentischer als wir anderen.

»Du siehst wirklich wunderschön aus«, rutscht es mir einfach so heraus und sie blickt mich nun direkt an.

»Oh là là, alles in Ordnung mit dir?« Ihr Mundwinkel zuckt.

»Ich meine es ernst. Du hast die schönsten Augen, die ich je bei jemandem gesehen habe.« Sie stehen etwas enger zusammen als bei den meisten und funkeln in einem Smaragdgrün, um das ich sie schon immer beneidete.

Leider lacht Aurelie jetzt. »Übst du für Matti?«, fragt sie und streichelt Sindris Stirn. »Dann musst du noch viel lernen, weil das hier war erbärmlich.«

Egal, wie ich es versuche, Aurelie lässt mich auflaufen und ich habe echt keine Lust mehr darauf. Ich stehe wortlos auf, will dann doch lieber Frekja mit ihrer Gerte bremsen, vor der die Zwillinge mittlerweile kreischend Reißaus nehmen.

»Merci«, hält Aurelie mich zurück.

Ich drehe mich zu ihr um. »Es war ernst gemeint, das Kompliment.«

Sie steigt unsicher von einem aufs andere Bein. Sollte sie sich etwa auch unbehaglich fühlen?

»Ich kann nicht verstehen, warum so vielen Leuten die äußere Hülle so wichtig ist«, lässt sie mich wissen.

Ich zucke die Achseln. »Ich schätze, es ist das Erste, das einen Eindruck hinterlässt. Ins Innere kann man ja nicht so schnell hineinsehen.« Manche lassen einen nie hinter die Fassade blicken, denke ich.

Aurelie setzt sich, klopft neben sich, lädt mich ein. »Ich

meine, guck dir diese Marion an, die klebt ständig vor ihrem Spiegel und macht Fotos von sich. Ich wette, die kann nicht anders vor lauter Unsicherheit.«

Sie grinst. »Ich bin froh, dass du nicht so eine bist, Nelly. Auch wenn du Rosa magst. Und Einhörner.«

Mir wird mein Outfit einmal mehr bewusst und ich lenke schnell von mir ab. »Marion ist doch hübsch, wieso sollte sie unsicher sein?«, frage ich sie.

»Wusstest du, dass sie mal voll dick war?« Sie schüttelt den Kopf und tippt sich an die Stirn. »Und deshalb takelt sie sich jetzt so auf und zählt die Erbsen, die sie isst.«

»Woher weißt du das?« Das kann sie unmöglich einfach so erzählt haben.

»Sie hat noch ein Foto auf ihrem Handy, als sie etwa zwölf Jahre alt war oder so. Und sie sah aus wie Miss Piggy.« Sie lacht.

»Wieso weißt du das?« Ich kann mich zu gut daran erinnern, wie Marion es wie verrückt gesucht hatte.

»Weil ich ihr Handy habe. Mein Akku war leer und ich musste dringend mit meiner Freundin telefonieren. Also hab ich es mir genommen.« Aurelie sieht bei dem Gesagten so gleichgültig aus, dass es mich ärgert.

»Du hast es einfach geklaut«, stelle ich fest. »Sag mal, bist du eigentlich jetzt professionelle Diebin?« Immerhin hatte ihr ein Ladendiebstahl ja den Aufenthalt hier im Camp eingebracht. Mein Lächeln schmerzt auf meinen Lippen.

»Nein, ich bin eher so was wie eine Fachkraft für Ressourcenübertragung, Nelly«, antwortet sie belustigt. »Mann, echt. Guck nicht so. Ich habe ja keinen umgebracht und im Sand verscharrt.« Sie lacht. »Was mich zu der Frage bringt: Sind wir wegen unterlassener Hilfeleistung dran, wenn deine Stute die Kinder erwischt und platt trampelt?«

Frekja macht kehrt, schwenkt die Gerte in ihrem Maul.

Ich mustere Aurelie und muss an Mattis Worte denken. Daran dass Aurelie Kummer hat.

»Du hättest mein Handy nehmen können. Ich stelle es nur an, um meine Eltern anzurufen. Meinem Akku geht es gut.«

Sie winkt ab.

»Wenn du mal reden willst, ich bin immer für dich da«, versuche ich es und meine Stimme wird ganz dünn.

»Mon Dieu, ich habe ihr das Handy doch wiedergegeben«, verteidigt sie sich. »Was stimmt denn nicht mit dir?«

»Mit mir ist alles super, ich meine ja nur.« Ich halte ihrem durchdringenden Blick stand.

»Ich weiß, was vorgestern für ein Tag war. Also, es ist mir später klar geworden, der Tag, an dem Tante Lilli …«, sage ich unbeholfen. Es ist, als würde noch einmal irgendwo ein

Blindgänger in die Luft gehen. Nur nicht gerade kontrolliert. Meine Cousine reißt ihren Blick von meinem los, bleibt lange stumm, es brodelt in ihr. Dann steht sie auf, lehnt sich an die grasende Sindri und krault ihre dicke Mähne und ich bringe keinen Ton mehr heraus.

»Sag mal, warum reitet eigentlich niemand auf ihr?«, wechselt sie das Thema. Weit entfernt entdecke ich Matti, dem das Gekreische der Zwillinge reicht. Er nimmt Frekja die Gerte weg.

»Sindri ist etwas eigensinnig«, antworte ich auf Aurelies Frage und denke immer noch über Verluste nach. Über Nonnis Vater und Aurelies Mama. »Oma sagt, sie hat sie von einem Händler, der sie aus Island als Fohlen importieren ließ und sie stümperhaft ausbildete.«

Ein Schatten huscht über Aurelies Gesicht, während sie sich dicht an Sindri drückt. »Was hat sie denn erlebt?«

Ich weiß es nicht, niemand weiß es. »Oma meint, sie sei wahrscheinlich zu früh eingeritten worden. Und man muss brutal dabei vorgegangen sein. Sindri duldet zwar den Reiter, hat aber immer Angst, sobald jemand auf ihrem Rücken sitzt.«

»Du armes Wesen«, haucht Aurelie und drückt ihre Stirn an ihre Schulter. Und ich fühle diese Worte so heftig, als sie

sie spricht, dass mir beinahe Tränen kommen. Für Sindri und Aurelie, die so früh ihre Mutter verloren hat.

Unweigerlich muss ich an eine Passage in Nonnis Tagebuch denken. An den Tag, an dem er auf Nykurs Rücken musste, obwohl der Hengst noch nicht eingeritten war. Und immer noch als unberechenbar galt.

8. Januar

Ich habe das Gefühl, ich werde meinen Vater niemals wiedersehen. Niemals. Und dieses Gefühl höhlt mich aus, wie tropfendes Wasser einen Stein. Immer wenn ich einfach so wach liege in meinem Bett, ahne ich ein Geheimnis. Etwas, das mein Vater mir anvertraut hat und das ich gegenüber meiner Mutter nicht erwähnen sollte. Und was ihn unweigerlich ins Verderben geführt hat. Doch was es genau war, ist mir ein Rätsel. Ein verdammtes Mysterium. Alles, was ich greifen kann, ist die Ahnung von etwas Unerlaubtem.
Ähnlich, wie ich mich als Junge einmal fühlte, als ich mich in Schwierigkeiten brachte.
Ich werde nie vergessen, wie ich gegen den Willen meiner Mutter mit Nykur hinüber zu den steilen Felsen, die in enge Fjorde übergehen, gewandert war. Von dort aus konnte man die ausgedehnten Gletscher mit ihren schwarzsandigen Wüsten und Schluchten sehen

und wenn es Abend wurde, waren die Polarlichter am schönsten. Ich liebe die Aurora Borealis, wenn sie grün am Himmel leuchten werden. Also stapfte ich an diesem milden Dezembernachmittag mit meinem vierjährigen Hengst am Zügel den verschlungenen Pfad entlang. Ich hatte es mir zur Gewohnheit gemacht, ihm alles zu sagen, was mir durch den Kopf geht. Somit erzählte ich ihm, wie Teilchen, die von der Sonne ausgestoßen werden, in etwa 100km Höhe, also 8-10 mal höher, als Flugzeuge fliegen, mit Luftteilchen der Atmosphäre kollidieren und dieses herrliche Leuchten entstehen lassen. Ich hatte mich schon früh dafür interessiert und mit acht ein Buch dazu geschenkt bekommen. Er lauschte aufmerksam. Er war so brav, solange man nicht zu viel von ihm wollte. Mama zerbrach sich immer noch den Kopf, wie sie ihn zu einem Verlass-Pferd machen konnte. Und mein Opa schimpfte darüber, sagte, er sei immer noch besser beim Schlachter aufgehoben. Doch mein Schwarzer würde niemals so enden, komme, was wolle. Das hatte ich mir geschworen, als ich ihm das erste Mal die Flasche gab. Ganz beiläufig streckte ich meine Hand nach ihm aus, berührte seinen Hals und er schnaubte leise.

Die Sonne versank schneller am Horizont, als ich erwartet hatte, und ich erinnere mich genau an den Moment, in dem das Leuchten sich über den Himmel zog. Ich wagte es nicht, einen Laut von mir zu geben. Denn laut isländischen Glaubens sollte man die Geister der Lichter nicht auf sich aufmerksam machen. Sollte man pfeifen, winken und rufen, kam es vor, dass sie gen Erde schossen und den Betrachter mit sich nahmen.

Nykur stand still und entspannt neben mir, hauchte mir dann und wann seinen warmen Atem auf die Hände und als wir umkehren wollten, passierte das Unglück. Etwas kleines Schwarzes huschte plötzlich aus einem nahen Busch und Nykur sprang unvermittelt zur Seite. Wo bei den meisten Islandpferden nicht mal eine Schar Wildgänse für Aufregung sorgte, erschrak mein sensibler Hengst vor einem Fuchs.

Ich trat in einen Spalt und ein heftiger Schmerz zuckte sofort durch meinen Knöchel. Mein Schmerzenslaut erhöhte die Panik meines jungen Pferdes, er zerrte an den Zügeln, zog sie mir aus der Hand und ich stürzte. Panik flutete mich. Wenn er fortlief und mich hier allein zurückließ ... Vielleicht würde mich keiner vermissen, meine Mutter war noch arbeiten. Sie dachte, ich sei brav in meinem Zimmer oder vor dem Kamin.

Wenn ich so darüber nachdenke, geschah mir dieses Unglück ganz recht. Man sollte auf seine Mutter hören.

Nykur, die vermeintlich treue Seele, galoppierte fort und ich blieb flennend zurück.

Nicht weit entfernt, erhoben sich Felsformationen eines Lavafelds in deren Säulen aus Vulkangestein eine menschenmordende Frau,

die halb Troll, halb Oger war, leben soll. Eine alte Legende, die mir in dieser Nacht so nah war, wie sonst nie.
Eigentlich glaubte ich damals schon lange nicht mehr an diesen düsteren Mythos aus alten Zeiten, den mein Opa mir so gerne erzählt hatte, damit ich artig war. Und soweit ich wusste, wurde das Weitergeben der Sage 1746 sogar von der Regierung verboten, weil Islands Kinder nicht in Angst und Schrecken leben sollten.
Doch in diesem Moment fürchtete ich mich plötzlich vor Gryla und ihren dreizehn Kindern, den Weihnachtsgesellen. Als ich noch klein war, stellte ich die dreizehn Tage vor Weihnachten meine Schuhe auf die Fensterbänke, um darin Geschenke zu erhalten. Und wenn ich brav war, bekam ich sie auch. Aber wenn nicht, dann lag in ihnen eine gammelige Kartoffel, was bedeutete, dass ich Gefahr lief, von den Weihnachtsgesellen entführt zu werden.
Als ich die Geschichte letzten Dezember an Björk weitergab, lachte sie mich aus. Meine liebe und clevere Schwester, die mich seit dem Unfall und Vaters Verschwinden versuchte aufzuheitern. Erst gestern schenkte sie mir ihren Glücksbringer. Einen Anhänger aus Vulkangestein, der vor Furcht schützt, sagte sie.
Den hätte ich auf jeden Fall früher gebrauchen können. Zum Beispiel, als ich unter grünen Polarlichtern inmitten einer kargen Wildnis saß und darum betete, dass mein Pferd zurückkam. Und mich nicht Grylas hässliche Riesenkatze fand, die nach Weihnachten

mit Kindern gefüttert wurde, die zum Fest nur Spielzeug und keine Kleidung geschenkt bekommen hatten.

Nykur kam zurück.
Ich beschwor ihn in Gedanken, mich auf seinem Rücken zu dulden. Ich hatte ihm Hunderte Male Decken und Sättel auflegen wollen und er war bockend davongerast. Ich spürte, wie er sich verspannte, als ich mich auf seinen Rücken zog, und wappnete mich, rechnete fast mit Gegenwehr. Nykur setzte sich sofort in Bewegung, die Ohren aufmerksam nach hinten gerichtet. Und er brachte mich heim.

# Bei den Göttern!

Als der Wettkampf losgeht, verdunkelt sich der Himmel und Regen kündigt sich an. Oma war kurz davor, alles auf morgen zu verschieben, aber wir konnten sie überzeugen, die Spiele doch beginnen zu lassen. Immerhin hatten Matti, Aurelie und ich viele Stunden mit der Vorbereitung verbracht. Das durfte jetzt nicht alles umsonst sein!

Es würde zwei Kategorien geben: Die Fortgeschrittenen, die im schnellen Rennpass und Galopp die Trophäen sammeln müssen, wie Marion, Hanna, Matti, fünf weitere und ich. Und die Anfänger-Gruppe, bei der es nicht auf die Zeit ankommt, sondern nur auf die gesammelten Papp-Hammer des Donnergottes Thor.

Frekja steht ganz still an der Startlinie. Blakkur, der es Matti heute besonders schwer beim Aufsatteln gemacht hatte, kann es kaum noch abwarten, endlich loszupreschen. Er weiß, was gleich von ihm erwartet wird, und er ist ebenso ehrgeizig wie sein Reiter. Matti will gewinnen, er ist beinahe versessen darauf. Das habe ich die letzten Tage sogar beim Kartenspielen zu spüren bekommen, wie ernst er so was nimmt. Er ist ein echter Kämpfer.

Ich atme noch mal tief durch, lächle ihn schüchtern an. Oma nimmt Aufstellung, hebt die bunte Fahne mit dem Drachenkopf an, die den Startschuss symbolisiert, wenn sie sie wieder senkt.

»Denkt an die Regeln!«, mahnt sie ein weiteres Mal. »Fairness ist unerlässlich. Wer einen anderen Reiter behindert, wird disqualifiziert. Der markierte Weg darf unter keinen Umständen verlassen werden. Der Reiter mit der besten Zeit und den meisten Trophäen gewinnt.« Mit einer beiläufigen Handbewegung prüfe ich noch einmal meine Satteltasche, in der die zu sammelnden Hammer verstaut werden müssen, und die andere, in der Lederbälle zum Werfen liegen. Dann lehne ich mich etwas nach vorne, stelle mich tief in die Steigbügel und lasse die Fahne nicht mehr aus den Augen.

»Auf die Plätze …«, beginnt Oma und Marions Ida rennt einfach los. »Fehlstart!«

»Mon Dieu, wer kann denn da nicht bis drei zählen?«, sagt Aurelie und lacht sich scheckig.

Ich habe Mühe, Frekja zu zügeln und Marion wendet endlich und kommt motzend zurück.

»Guck dir an, wie man es nicht macht, Nelly«, feixt Matti.

»Und halt dich an mich, wenn du wissen willst, wie man gewinnt.« Seine nussbraunen Augen funkeln, er zwinkert mir zu und mein Magen summt vor Aufregung. Dem werde ich es schon zeigen!

Meine Finger halten die Zügel fester, Frekja legt den Kopf in den Nacken. Die Anspannung wächst, überträgt sich von mir auf meine Stute.

Marion ist wieder neben uns. Hannas Pferd geht plötzlich rückwärts, Oma fackelt nicht mehr lange. »Auf die Plätze, fertig …«

»… friss unseren Staub, Matti«, rufe ich und drücke meine Hacken in Frekjas Flanke, als die Fahne fällt.

Wir preschen los, Wind zerrt an meiner Kleidung und an meinen Haaren. Im Hintergrund höre ich die anderen, wie sie uns anfeuern. Die erste Aufgabe kommt in Sicht. Es sind Tonnen, auf denen kleine Hammer stehen, die darauf warteten im Fluge vom Deckel gefischt zu werden. Ich mache mich bereit, verlagere mein Gewicht zur Seite und strecke die Hand aus. Frekja gehorcht der leisesten Zügelbewegung und dem sachtesten Schenkeldruck.

Blakkur schießt an mir vorbei, beinahe lasse ich mich ablenken und verpasse den Moment. Doch dann schließt sich meine Hand um den kleinen blauen Hammer. Mit einer fließenden Bewegung verstaue ich ihn in der Satteltasche. Marion holt auf, Ida legt drohend die Ohren an und Frekja wird schneller. Ich blicke über die Schulter zurück, meine Locken versperren mir die Sicht.

»Komm mir nicht so nahe!«, motze ich sie an, doch das interessiert sie anscheinend nicht weiter. Sie reitet in die Kurve, auf das nächste Ziel zu: Einer Pappfigur, die sie mit einem Ball abwerfen muss, um an den nächsten Hammer zu kommen. Frekja macht einen Satz über einen Maulwurfshügel und ich verliere meinen Ball. Schnell angle ich nach dem nächsten aus meiner Tasche, ich ziele und werfe auf meine eigene Pappfigur in Kriegergestalt. Ich treffe ihn mitten zwischen die drohend zusammengezogenen Augen. Die Figur fällt und gibt den Hammer preis. Leider liegt er jetzt im Gras, deshalb muss ich absteigen und ihn aufheben. Matti springt beinahe im Galopp ab und ich schnappe erschrocken nach Luft, während ich Frekja stoppe. Ich schlüpfe aus den Steigbügeln, steige ab, hechte zum Hammer und verstaue ihn. Marion ist bereits wieder auf dem Pferd, Matti auch. Hanna will gerade wieder aufsteigen, doch Svala, die schöne Falbstute, lässt sie nicht, sie dreht sich nur im Kreis und das Mädchen hüpft, einen Fuß schon im Steigbügel, hinterher. Frekja spitzt die Ohren, mit einem Schwung sitze ich wieder oben und treibe sie an. Ich reite einen Schlenker, hinüber zu Hanna, zwinge Svala stehenzubleiben, damit das Mädchen endlich wieder aufsteigen kann. Atemlos dankt sie mir und Frekja und ich galoppieren den anderen hinterher. Ich verfehle einen pinken Hammer, der auf Hüfthöhe in einen Busch gebunden ist. Mist.

Blakkur ist nicht weit entfernt, er schleudert Lehm und Erde auf, die mir entgegenfliegt. Wir holen auf. Ich muss zugeben, Matti sitzt wirklich sicher im Sattel und lässt den schwarzen Wallach zu Höchstleistungen auflaufen. Drei andere Reiter holen mich ein, ich lasse sie nicht vorbei.

Marion ist auf Mattis Höhe, allerdings beschäftigt sie sich zu sehr mit ihrer korrekten englischen Haltung und verfehlt den nächsten Hammer, der an einem Ast einer riesigen Birke hängt. Matti hingegen schnappt ihn sich spielend. Ich stelle mich in die Steigbügel, strecke die Hand aus und … für einen Moment ist es wie Fallen, weil Frekja über eine Pfütze springt, die ich nicht wahrgenommen habe. Meine Fingerspitzen erwischen den Hammer, der löst sich vom Ast und ich kann ihn gerade noch halten. Ich verlagere mein Gewicht nach links, jetzt geht es in ein Waldstück und auf einen Abhang zu. Ich will Matti hinterherbrüllen, dass er viel zu schnell ist. Wenn Blakkur stürzt, würden sie sich den Hals brechen. Mein Herz schlägt wie wild, ich muss an Nonni denken und seine gebrochenen Knochen. An Krankenhäuser und an Lebensgefahr.

Matti zügelt Blakkur in letzter Sekunde und taucht ab.

Der ausgetrampelte Pfad ist von Buschwerk umgeben, Frekja wird ganz von alleine langsamer und ist darauf bedacht, uns beide auszubalancieren. Sie ist einfach großartig. Ida vor uns stoppt auf halbem Wege nach unten, sie mag diese Enge des Pfades nicht und Blakkur hängt uns alle ab. Er jagt bereits mit Matti auf der anderen Seite der kleinen Schlucht wieder hinauf. Trittsicher und kraftvoll. Wie ein schwarzer Blitz.

»Lass mich vorbei, dann folgt Ida uns«, sage ich atemlos zu Marion, die einmal mehr mit ihrer Stute streitet. Wenn sie sanfter mit ihr wäre, würde sie besser gehorchen.

»Ich denke gar nicht dran«, bekomme ich zur Antwort und ich beiße mir auf die Zunge. Ida schüttelt unwillig mit dem Kopf und Marion treibt sie grob weiter. Ein Glück hatte ich dem Mädchen die Sporen bereits abgenommen.

Hinter uns nahen Isabell, ein Mädchen aus dem anderen Zelt, und Hanna und ich erwischen, eine Gelegenheit, um an der Schimmelstute vorbeizukommen. Marion zetert, aber immerhin folgt uns ihre Ida jetzt. Und auch die anderen.

Frekja streckt sich, ich lasse ihr Raum, fasse sicherheitshalber in ihre dicke Mähne, während sie mit kraftvollen

Sprüngen den Aufstieg wagt. Sie schnauft, ihre Muskeln spannen sich und wir brechen über den Kamm und erreichen wieder den Wald. Einen Hammer nach dem anderen erwische ich an den Stationen. Dann erreiche ich wieder die Wiese, auf der alle den goldenen Hammer aus einer Entfernung von fünfzehn Metern vom Kopf eines Riesen werfen sollen. Matti verfehlt die Glatze des Ungetüms um wenige Zentimeter und ich mache mich bereit. Auf der Anhöhe, auf der das rote Band gezogen ist, das die Ziellinie markiert, jubeln bereits die anderen, die zuschauen. Oma klatscht rhythmisch in die Hände, die anderen stimmen mit ein und ich knete den kleinen Lederball in meiner Hand. Jetzt kommt es drauf an. Wenn ich jetzt treffe und den Hammer bekomme, bevor Matti es schafft, dann kann ich noch gewinnen. Ich zügle Frekja, sie steht ganz still, die Ohren nach hinten gestellt, fragend und lauschend.

Hanna und Marion erreichen jetzt auch ihre Riesen und werfen. Ich atme tief ein, visiere den Kopf und treffe ihn. Doch was zum Geier ist das? Der Kopf fällt nicht?

»Wieso?«, hauche ich entsetzt und springe von Frekjas Rücken, hetze nach vorne, um mir den Ball zurückzuholen.

»Frekja, bleib hier«, bedeute ich ihr und sprinte los. Natürlich bleibt die Stute nicht auf ihrem Platz, von dem wir werfen müssen, wie Blakkur es tut. Sie ist ja kein gut dressierter Hund und hat ihren eigenen Kopf.

Als ich wieder sitze, versuche ich es erneut. Und dieses Mal klappt es: Der Glatzkopf fällt und der Hammer ebenfalls. Frekja trabt voran. Matti hat es zeitgleich geschafft, jetzt kommt es darauf an, wer den Hammer als Erstes ins Ziel schafft. Frekja scheint keine Lust mehr zu haben, auf das ewige aus dem Sattel, in den Sattel. Sie sträubt sich, als ich den Hammer hole und wieder aufsitzen will. Matti galoppiert an mir vorbei, ich schaffe es gerade noch auf Frekjas Rücken, als sie ihm schon folgt.

Ich verschlucke einen Fluch und kralle mich an ihre Mähne.

»Komm schon, Mädchen«, flüstere ich an ihrem Hals. »Schneller!« Ihre Sprünge werden weiter. Ida holt auf, wie ein weißer Fleck zu meiner Linken huscht sie an uns heran. Hanna folgt mit Svala und überholt Marion fast.

Ich wage es nicht, mich umzuschauen. Blakkur schnaubt, Matti steuert ihn direkt auf das Ziel zu, wir kleben an seiner Flanke und … gehen nach ihm durchs Ziel.

Aurelie und all die anderen jubeln. Frekja bremst, Marion sieht aus, als würde sie gleich heulen, weil sie nur als Dritte durchs Ziel ist, und ich muss vor lauter Anspannung kichern. Was für ein Ritt!

»Ihr wilden Reiter, zeigt mir eure Götter-Trophäen«, verlangt Oma im feierlichen Ton. Sie hebt ihre Arme, Applaus brandet über uns hinweg und die Kinder beginnen mit einem einstudierten Singsang, während die Hammer auf einen Tisch gelegt werden müssen. Matti hat ganze acht Hammer gesammelt, ich nur sieben, Marion sechs und die kleine kecke Hanna alle zehn. Ach du meine Güte!

»Die Gewinnerin steht fest«, ruft Oma feierlich und übergibt die aus Zweigen geformte Wikingerkrone an das rotblonde Mädchen. Sie nimmt ihren Reithelm ab und setzt sich auf. Sie sieht so glücklich aus, dass ich trotz verlorenem Sieg mich tierisch mit ihr freue.

»Alle Achtung, du bist echt großartig geritten«, sagt plötzlich jemand neben mir, als ich gerade von Frekjas Rücken steige, um sie trocken zu führen.

»Das kann ich nur zurückgeben«, hauche ich. Matti legt seine Hand federleicht in meinen Nacken und geht neben mir her. Blakkur läuft aufgeheizt neben ihm, er könnte noch ewig weiterrennen.

»Dir hätte die Krone ebenfalls gut gestanden«, meint er und eine Gänsehaut zieht sich über meine Haut, wo er mich eben noch berührt hat. Ich blicke zu Hanna, die jetzt auf dem Thron Platz nehmen darf und auf ihm von den anderen hinüber zum Zeltplatz getragen wird. Sie wird neben den anderen Gewinnern, die noch ausstehen, den ganzen Abend gefeiert werden.

»Ach, Quatsch«, winke ich ab. »Die Richtige hat gewonnen.«

Matti seufzt. »Du bist ganz schön bescheiden.«

»Ist das keine Tugend?« Das hab ich zumindest mal irgendwo gehört.

»Nein, eher nicht«, lässt mich Matti wissen. »Da musst du unbedingt an dir arbeiten, Belly Nelly.«

»Salute, ihr Looser«, grölt Aurelie und kommt mit Svala zu uns, um die sie sich nun an Hannas Stelle kümmert. »Ihr habt euch ganz schön abziehen lassen!«

»Wer sagt, dass wir Hanna nicht haben gewinnen lassen?«, schlägt Matti vor. »Ich meine, es sind ja nur Ponyspiele, nicht wahr?«

»Das wäre ja der Oberhammer und ich glaub dir kein Wort, Mister Perfect«, trifft Aurelie ins Schwarze. »Ein Glück, dass Marion nicht so eine schlechte Verliererin ist, wie ich gedacht hätte. Sie freut sich jetzt doch für ihre Freundin und macht Dutzende Fotos von ihr mit Krone und Blumen im Haar. #dieWikingerqueen #bestgirlfriend.«

# Ein Donnerwetter kommt selten allein

Während die Sonne langsam hinter dem Waldstück untergeht und den Himmel mit einem roten Glühen färbt, tanzen wir alle ums Lagerfeuer, das Oma mit Matti entzündet hat. Musik dröhnt aus einem kleinen Lautsprecher des Planwagens, irgendwas Hypnotisches aus Omas Fundus, also aus den Siebzigern oder so. Es heißt *Riders on the storm* und sorgt dafür, dass sogar ich mit den Hüften wippe.

Wir sind alle wie Wikinger gekleidet und tragen aufwendige Flechtfrisuren, bei denen Marion und Aurelie geholfen haben.

Hannas verschieden dicke Zöpfe fliegen wild um ihren Kopf und die zweite Königin des Abends, die kleine Virginie, führt eine Mischung aus Ballett und Breakdance auf, das mich zum Lachen bringt. Sie ist so glücklich, dass sie in der zweiten Liga den Sieg davongetragen hat, dass sie sogar mehr als zwei Sätze am Stück gesprochen hat. Um genau zu sein, war es eine

Lobeshymne auf ihre Stute Tinna, die sie unbedingt mit nach Hause nehmen will, auch wenn sie dann auf dem Balkon leben muss.

»Weißt du, warum Virginie so wenig sagt?«, fragt mich Aurelie, die neben mir steht und das Mädchen beobachtet.

»Sie ist schüchtern«, vermute ich und denke an mich selbst, in dem Alter. Ich hatte auch oft meine Zunge verschluckt, besonders, wenn Aurelie in der Nähe war und das Reden nur allzu gerne für mich übernahm.

»Nein, sie ist ein Scheidungskind und seitdem fehlen ihr die Worte. Sie hat das Gefühl, dass alles, was sie sagt, nicht wichtig genug ist. Wie ihre Bitte, dass die beiden zusammenbleiben sollten, ihretwegen.«

Ich schlucke schwer.

»Was guckst du jetzt so komisch? Fängst du jetzt an zu heulen?«, holt mich meine Cousine aus den Gedanken.

»Nein, aber du musst zugeben, das ist echt traurig. Hat sie dir das so erzählt?«

Sie zieht die Brauen zusammen. »Pardon, wie du weißt, redet sie nicht viel und außerdem ist sie erst fünf. Man muss nur zwischen den Zeilen lesen, dann weiß man es.«

Ich schaue wieder zu Virginie, deren Bob zum Beat wippt, und ich winke ihr lächelnd zu, als unsere Blicke sich treffen.

»Tja, Nelly. Nicht jeder wächst so behütet auf wie du«, lässt Aurelie mich noch wissen und tänzelt davon.

Eine Weile stehe ich einfach da, nestle an meiner Glasperlenkette herum, die wir auch im Museum gestaltet haben, und frage mich, warum der letzte Satz meiner Cousine wie ein Vorwurf klang. Bin ich wirklich so unsensibel? Hätte ich mehr auf das nicht Ausgesprochene achten müssen? Nicht nur hier, auch damals bei ihr?

Irgendwann setze ich mich, lasse meinen Blick umherschweifen. Olli, der düstere Kriegsbemalungen trägt, wurde zu Hannas Wikingerkönig gewählt. Er hatte die letzte Zeit mit seiner zuvorkommenden Art und der Kunst des Gedichteschreiben bei ihr gepunktet, was ihn selbst ziemlich überrascht hat.

Einige ältere Mädchen sitzen auf der anderen Seite des Feuers und lauschen Omas Geschichten, die sie zu gerne erzählt. Es geht um die größten Wikingerschlachten, die je geführt wurden.

»Komm, tanz mit mir«, sagt Matti und hält mir auffordernd die Hand entgegen. Seine Augen sind dunkel umrandet und eine feine schwarze Linie zieht sich senkrecht über seine Augen. Die braunen Haare hat Marion ihm toupiert und sie sehen wilder aus als sonst. Ich zögere, frage mich, ob ich überhaupt tanzen kann. Ich war noch nie in einer Disco oder beim Tanzunterricht. Was, wenn ich mich blamiere? Er legt den Kopf schief, meine Hand zuckt. Sein Lächeln vertieft sich und ich will mir einen Ruck geben.

Doch der Moment verstreicht, denn plötzlich legt Aurelie ihre Hände von hinten um seine Schulter und tanzt selbst mit ihm. Er schnappt sie und lässt sie gekonnt eine Pirouette drehen. Ich bleibe zurück, mit halb erhobener Hand und fühle einen Knoten in meinem Magen, der sich schmerzlich zuzieht.

Aurelies Lachen wird zu mir herübergeweht, während der Wind auffrischt und Funken aus dem Lagerfeuer in den lila Himmel streben lässt. Für eine Ewigkeit bin ich gefangen in den lebendigen Bildern, die sich mir zeigen. Sie könnten wirklich aus den alten Zeiten stammen. Als würden wir alte heidnische Götter anbeten, fehlt nur noch die Opfergabe. Denn das taten die Wikinger unter anderem auch. Sie opferten sogar Menschen den Göttern. Eine Gänsehaut zieht sich über meinen Arm und ich blicke in den Himmel, an dem sich schwarze Wolken sammeln und zu grausigen Gebilden werden.

Ganz plötzlich beginnt es zu regnen. Dicke Tropfen treffen auf die Flammen des Feuers und vergehen mit einem Zischen. Die Musik wird abgestellt und Hektik bricht aus.

Ich bin einen Moment lang erstarrt und muss an die letzten Zeilen denken, die ich in Nonnis Tagebuch gelesen habe:

8. November

Es ist lange her, dass ich in dieses Buch schrieb.
Ich höre das Prasseln des Hagels und wie der Wind wütend am Stalltor rüttelt und erinnere mich an die Winter in Island.
Nykur steht ruhig mit den anderen Pferden in seiner Box und döst.
Immer wenn ich mein Feuerpferd sehe, wird für mich alles leichter.
Nur dieses Mal nicht.
Ich weiß nicht, was ich tun soll. Meine Mutter will Deutschland verlassen. Island ist unsere Heimat, sagt sie und sie hat recht. Im Grunde kann ich mir nichts Schöneres vorstellen als zurückzukehren.
Besonders weil mein Vater seit gestern für tot erklärt wurde, da jede Spur von ihm fehlt und alles auf einen Unfall am Haddebyer Noor hindeutet. Ich bin mir nicht sicher, ob ich mittlerweile froh bin, mich an nichts weiter erinnern zu können. Denn etwas Schreckliches muss dort geschehen sein.
Es ist bereits mehr als ein Jahr her, dass ich im Krankenhaus erwachte und plötzlich alles anders war.
Wenn ich die Augen schließe, sehe ich Island vor mir. Das Ding der Unmöglichkeit, eine Insel, die es eigentlich gar nicht geben sollte.

Denn einen so gewaltigen Ausbruch unterirdischer Vulkane hätte es in diesem erdgeschichtlich späten Stadium gar nicht geben sollen. Dort, wo Island ist, war vorher nur Meer, bis gleich mehrere Vulkane Lava und Gestein spuckten und die Insel formten. Und ich weiß, dass die Vulkane noch heute aktiv sind. Erst vor rund 150 Jahren spuckten sie Lava und giftige Gase, wobei fast ein Fünftel der Bevölkerung starb. Ein gefährliches Land, das vielleicht besser unbewohnt geblieben wäre?
Meine süße Schwester Björk liebte es, den Geysir Strokkur zu besuchen. Und zu beobachten, wie er immer wieder eine hohe Wasserfontäne in die Höhe schießt. Sie bewunderte die Regenbögen, die die Sonne dabei zauberte.
Und sie freut sich auf die Heimreise.
Ich möchte auch auf Island leben. Und dennoch zerreißt mein Herz. Denn ich kann Nykur nicht mit zurücknehmen.
Er soll hier auf dem Hof bleiben, mit den anderen Pferden. Sosehr ich dieses alte Gesetz verstehe, sosehr verfluche ich es auch.
Wenn ich in Nykurs seelenvolle Augen blicke, ist es, als wüsste er es. Als läse er mich und meinen Kummer und erkenne den Abschied, ohne dass ich es wage ihn auszusprechen.

Es regnet immer stärker und ich bin gefangen in den Zeilen, die Nonni schrieb. Wie muss ihm sein Herz geblutet haben, beim Gedanken, Nykur zu verlassen? Ich weiß nicht, ob ich das gekonnt hätte an seiner Stelle. Aber welche Wahl hatte er schon, wenn seine Familie in die Heimat zurückkehrte? Er konnte ja schlecht alleine hierbleiben. Mühsam schlucke ich einen Kloß im Hals hinunter und sammle mich.

Dann schicke ich die Zwillinge mit Virginie zusammen ins Zelt und helfe Oma und Matti den Platz aufzuräumen.

»Hat jemand meine Reithandschuhe gesehen?«, ruft Marion und rennt hektisch umher. »Blau, zehn Finger?«

»Hilf mir lieber mit den Lebensmitteln«, antworte ich und sie hetzt kreischend unter den nächsten Baum. Ich sammle Obst und Kekse auf, verstaue sie in einem Korb.

Toll, Hanna, Olli und einige andere gesellen sich zu der wasserscheuen Marion und gucken zu, wie Oma, Matti und ich verzweifelt versuchen, die Decken, Kissen und Körbe in die Kutsche zu bekommen.

Wasser rinnt mir in die Augen und brennt. Ich wische es mir hektisch fort und schnappe mir die letzte Kiste, um sie zur Ladefläche zu schleppen. Matti taucht neben mir, nimmt sie mir ab und schaut mich einen atemlosen Augenblick lang nur an. Die Zeit steht still, während der Regen auf uns niedergeht und unsere Wikingerbemalungen verlaufen lässt.

»Komm mit ins Trockene«, sagt er irgendwann, erklimmt

die zwei Stufen in die Kutsche und zieht mich hinter sich her.

Am Rande bekomme ich mit, dass Oma einige ihrer Schützlinge ins zweite Zelt treibt. Ihr Strohhut löst sich beinahe auf und zerfällt in seine Einzelteile. In unserem Zelt huschen Lichtkegel von Taschenlampen auf dem grauen Stoff umher und ich lasse mich auf die Holzbank fallen.

»Ich wette, da kommt ein heftiges Donnerwetter auf uns zu.« Matti fährt sich durch sein Haar, Tropfen laufen ihm wie Tränen übers hübsche Gesicht, nimmt die schwarze Farbe mit und ich unterdrücke den Impuls, sie ihm fortzuwischen.

»Das kann nicht sein, die Wetter-App hatte lediglich dreißig Prozent Regenwahrscheinlichkeit angezeigt«, wundere ich mich. Matti setzt sich mir gegenüber. Es wird immer dunkler, der Regen wird zu einem Vorhang, der uns von der Welt abschirmt.

»Das Wetter ist unberechenbar … wie Mädchen«, meint er leise und ich halte die Luft an.

»Hey, wir sind doch nicht unberechenbar.« Ich blinzle, meint er mich? Oder jedes Mädchen auf der Welt? Seine Schwestern? Oder gar Aurelie?

Mein Blick fällt auf seine Reitstiefelspitzen, bleibt daran hängen.

»Ich finde, man weiß nie so genau, woran man bei euch ist«, flüstert er und ich erahne in der Dunkelheit sein schiefes Lächeln.

»Dann frag sie doch einfach, was du wissen willst«, höre ich mich antworten und schaue hinaus in den Regen, in die Richtung, in der unsere Islandpferde dem Wetter trotzen. Mein Herz schlägt schnell.

»Wenn du die Königin des Abends geworden wärst und einen König hättest wählen können, wen hättest du genommen?«

Er lässt ein Feuerzeug aufschnappen, ich erkenne es wieder, es gehört Aurelie.

»Nonni«, antworte ich, weil ich nicht Matti sagen will und die Flamme zeichnet Schatten auf seinem Gesicht.

»Ist das dein Freund?«, fragt er leise. Das Feuerzeug erlischt … und ich wundere mich über die Helligkeit, die von unserem Zelt ausgeht. »Brennt es?«, frage ich eher mich selbst.

»Genau das ist es, was ich meine«, stöhnt Matti. »Warum ist die Frage denn nicht erlaubt? Ich meine, du bringst diesen Nonni ins Spiel, hast vorher noch nie von ihm gesprochen und dann darf man nicht mal fragen?« Er hört sich ganz schön verärgert an.

»Nein, schau doch, ist das Feuer?« Ich zwinge ihn, nach draußen zu gucken und springe beim nächsten Herzschlag auf.

»Scheiße!« Matti ist vor mir unten, sprintet durch den Regen zu unserem Zelt. Ich laufe ihm nach, rutsche beinahe auf dem plötzlich schlammigen Untergrund aus und fange mich gerade noch rechtzeitig wieder. Nach Matti stürze ich ins Zelt, dicker Rauch schlägt uns entgegen und ich muss augenblicklich husten.

»Hott im Gimmel!«, stoße ich aus.

Die Lottchens leeren gerade ihre Wasserflaschen über einem kleinen Feuer aus, das in der Mitte des Zeltes in einem Steinkreis lodert und droht auf den Schlafsack von Virginie überzugehen.

»Mach es aus, mach es endlich aus!«, kreischt die Fünfjährige und zerrt an ihren Sachen. Dabei greifen Flammen um sich und fressen Marions Lieblingspullover samt vermissten Handschuhen. Auweia!

Ich trete auf dem Kaschmirfetzen herum, versuche verzweifelt das Feuer zu löschen. Es wird scheißeheiß unter meinen Füßen.

»Ich hab dir gleich gesagt, das ist eine doofe Idee«, kreischt Carlotta, rettet ihren Teddy und verpasst Lieselotta einen

Stoß, der sie aufheulen lässt. »Aber du hast gesagt, wir werden alle erfrieren. Also bist du schuld«, verteidigt sie sich und macht Matti Platz, der geistesgegenwärtig mit einer Decke die größten Flammen erstickt.

»Ihr seid total irre«, brülle ich aus voller Kehle gegen die Lautstärke des Regens auf der Zeltplane an und möchte die beiden Mädchen am liebsten mit den Lockenköpfen zusammenhauen. Endlich brennt der Pulli nicht mehr. Virginie fängt an zu weinen, bitterlich und laut. Sie verkriecht sich in der hintersten Ecke und ich atme erleichtert auf, als Oma mit einem Feuerlöscher bewaffnet ins Zelt stapft.

»Himmel, Barsch und Zwirn!« Wenige zischende Schaumattacken später ist das Lagerfeuer aus und wir alle gucken uns erschrocken an. Ich halte mir die Ohren zu und Matti hat gerade noch seine Kamera retten können. Aurelie kommt hinzu, hält den Ausgang offen, damit der Rauch abziehen kann.

»Mon Dieu, die beiden sind ja bescheuerter, als ich dachte«, erfasst sie die Lage sofort. Oma ist blass, Virginie heult noch lauter und ein Schrecken durchfährt mich, als ich begreife, warum. Sie hat eine derbe Verbrennung an der Hand.

»Es tut uns leid!«, krähen die Übeltäter.

»Das will ich euch geraten haben!« Das ist vorerst Omas einzige Reaktion, während sie ihren Blick über die Verwüstung im Zelt wandern lässt. Weißer Schaum auf verkohlten Dingen. Glücklicherweise ist dem Sattelzeug der Pferde nichts passiert, denn das ist echt teuer.

»Oma, ich hoffe, du bist gut versichert«, sagt Aurelie, als sie meinem Blick folgt und Virginies Verletzung sieht. Ich falle auf die Knie, ziehe die Kleine zu mir heran und betrachte die Wunde. Sie wehrt sich.

»Tut es sehr weh?«, frage ich mitfühlend.

Oma wischt sich hektisch durch ihr lila Haare. »So was ist noch nie passiert«, wundert sie sich. »Ich bin am Barsch!« Ich fürchte, sie steht unter Schock.

»Oma?« Ich gucke sie besorgt an. Unendlich langsam dreht sie sich zu mir um, ihr Mund ist zu einer schmalen Linie verzogen.

Matti beginnt, die verkohlten Reste von Holz und Stoff in der Decke einzusammeln und bringt sie nach draußen. Es dauert eine Ewigkeit, bis Oma sich so weit gesammelt hat, um sich die Brandverletzung von Virginie anzusehen.

»Damit müssen wir zu einem Arzt«, brummt sie und streichelt dem kleinen Mädchen über die kurzen Haare. Sie schluchzt trocken.

»Ich will aber nicht nach Hause«, heult sie und Rotz läuft aus ihrer Nase.

»Musst du nicht, nur ganz kurz zum Doktor«, beruhige ich sie und lege ihr meinen Arm um die Schulter.

»Versprochen?« Hoffnungsvoll schaut sie erst mich, dann Oma an.

»Ja, versprochen«, antworte ich viel zu voreilig und Oma wirft mir einen tadelnden Blick zu. »Und du hast einen Wunsch frei«, schiebe ich trotzdem aus lauter Mitleid hinterher.

Die Zwillinge sagen nichts mehr, stehen Hand in Hand nur da und gucken schuldbewusst. Ich frage mich wirklich, wie sie das Feuer überhaupt anbekommen haben? Vielleicht sollte man gleich mal Aurelies Feuerzeuge nachzählen und sie genauso zur Rechenschaft ziehen, wenn eins fehlt.

Der Regen ebbt ab, dafür grollt der Himmel und füllt mich mit neuer Unruhe. Oma hängt sich ans Notfallhandy und ruft sich ein Taxi, das sie mit Virginie ins nächste Krankenhaus fahren soll. Und sie beauftragt eine Aufsichtsperson der nahen Herberge des Museumsdorfes, unverzüglich hierherzukommen.

»Alors, ihr könnt euch schon mal auf ein Donnerwetter gefasst machen«, sagt Aurelie streng, als wir das Zelt halbwegs in Ordnung gebracht haben. Es stinkt entsetzlich nach Rauch und ich frage mich, wie ich hier jemals einschlafen soll. Aber im Nassen will ja auch keiner schlafen.

»Gar nicht wahr«, antworten die Mädchen. »Das kann ja mal passieren.«

Aurelie hebt die Augenbrauen. »Echt jetzt? So eine klitzekleine Brandstiftung kann ja mal passieren? Es hätte jemand sterben können.« Aurelie wirft einen Apfel nach den beiden und Carlotta kann gerade noch so ausweichen, damit er sie nicht am Kopf trifft.

»Brandstiftung?«, wiederholt sie nachdenklich das Gesagte.

»Wir haben alles so gemacht, wie die Wikingerfrau es uns beigebracht hat«, mischt sich Lieselotta ein, verengt die Augen wütend und wirft den Apfel zurück. »Das ist alles ganz doll ungerecht.«

»Willkommen im Leben, da ist alles ungerecht«, kontert Aurelie und lacht unglücklich.

Ich klopfe meinen Schlafsack aus, platziere ihn vor Frekjas Sattel. Mit Glück kann ich sagen, dass meine Sachen nichts abbekommen haben und auch das Tagebuch von Nonni sicher in der Satteltasche liegt. Ich betrachte einmal mehr das alte Amulett mit der erhabenen Rune darauf und muss über Geheimnisse nachdenken.

»Wir waren alle nass und wollten trocknen, wie die Wikinger, wenn sie nach Hause kamen. Die haben doch auch Feuer im Haus gemacht«, erinnern uns die Lottchens. Carlotta stampft dabei mit den Hacken auf den Boden und dreht sich schmollend auf die andere Seite. Sie brummt in ihren Teddy.

»Wir sollten es gut sein lassen«, überlege ich und stecke die Kette in meinen Rucksack. »Nicht, dass die beiden auch noch anfangen zu heulen.« Das halten meine Nerven nicht aus. Mir reicht schon, wie fertig Marion ist, vom Verlust ihres Pullovers.

»Hast du Lust auf Donnerwetter mit Frau Bruns?«, fragt Carlotta. So langsam tun die beiden mir doch etwas leid.

Matti seufzt laut, er sieht ganz schön hilflos aus.

»Ich schau mal, was die anderen so machen. Nicht, dass dort auch noch jemand auf dumme Ideen kommt«, überlegt er und entzieht sich der angespannten Situation. Er hat neben mir und Aurelie die Verantwortung übertragen bekommen.

»Mach das, und nimm ihnen vorsichtshalber alle spitzen und scharfen Gegenstände ab. Messer, Gabel, Schere, Licht und so weiter«, scherzt Aurelie und die Lottchens ziehen sich sauer die Decken über den Kopf.

Es wird totenstill im Zelt. Und als die Ersten schlafen, knipse ich heimlich die Taschenlampe im Inneren meines Schlafsackes an und lese die letzten Seiten in Nonnis Tagebuch, um mich abzulenken.

17. April

Mit Wünschen ist das so eine Sache. Jeder hat welche, der eine sehnt sie herbei, der andere jagt ihnen nach auf Gedeih und Verderb. Meines Vaters Wunsch war es, den Schatz seiner Vorfahren zu finden. Er war besessen davon. Doch was passiert, wenn sich die eigenen Wünsche gegen einen richten?

Wenn sie das Verderben selbst sind?

Morgen reisen wir ab und ich habe widersprüchliche Wünsche. Ich will Nykur nicht verlassen und doch will ich unbedingt gehen. Erst recht, seitdem ich mich an etwas erinnern kann.

An die Stunden, bevor der Traum meines Vaters zum Albtraum wurde. Ich will das alles hinter mir lassen.

Ich hocke hier auf der Wiese, über mir scheint der Mond und Nykur grast friedlich neben mir. Er spürt meine innere Zerrissenheit, während ich die Unterlagen meines Vaters in mein Tagebuch kopiere. Vielleicht liest jemand anderes irgendwann diese Zeilen und findet, was er nicht fand.

Es ist sein Vermächtnis, aber ich will es vergessen.

Nykur bleibt in meiner Nähe, lässt mich nicht aus den Augen und ich zeichne dieses Runenalphabet ab. Wer Erik, den Roten, finden will, muss sie kennen, sagte mein Vater. Es hieß, der Wikinger sei in Haithabu geboren worden und hatte auch dort bestattet werden

wollen, mit all seinen Feuerpferden. Doch es gab beim Gräberfeld keine Hinweise auf ihn. Nicht mal ein Runenstein, der an ihn erinnerte.
Hatten wir nach dem Grab des roten Eriks gesucht, wie Papa es oft vorhatte? Hatten wir es am Ende sogar gefunden?
Ich weiß nicht, wie oft ich seine gezeichnete Karte auseinanderfaltete und wieder zusammenlegte. Es gibt einen Ringwall, der aus der Luft betrachtet Ähnlichkeit mit der Schlucht der Elfenstadt meiner Heimat Island hat. Der Schutzwall der Handelsstadt Haithabu.
Doch so oft ich mit Nykur dorthin ritt, um die Umgebung zu erkunden und dem Geheimnis des Verschwindens meines Vaters auf die Spur zu kommen, ich fand nichts. Gar nichts. Und Fakt ist, es waren erst etwa 5 Prozent der alten Siedlung erforscht worden. Das verborgene Grab von Erik des Roten und seiner Feuerpferde könnte überall sein.
Ich werde dieses Buch mit seinen Erkenntnissen hier zurücklassen, wie meinen geliebten Hengst. Und mit ihm das Geheimnis der Feuerpferde und des Verschwindens meines Vaters, der seinem Wunsch wahrscheinlich näher war, als gut für ihn war.

# Böses Erwachen

Es ist nicht mal Mitternacht, als ich aufwache und sofort merke, dass etwas nicht stimmt. Mein Nacken schmerzt und ich richte mich auf, blicke mich um.

Marion liegt ganz still neben mir und sabbert in ihren Schlafsack. Ich blinzle zu Matti, er schnarcht ganz leise, sein schlafentspanntes Gesicht ist halb von der Decke verborgen. Aurelie liegt eingerollt wie eine Katze auf der anderen Seite und dann entdecke ich die leeren Plätze, die den Zwillingen gehören. Nur eine einsame benutzte Socke liegt noch dort.

»Scheiße«, hauche ich und befreie mich vom Schlafsack. Vorsichtig, darauf bedacht, niemanden zu wecken, krabble ich hinüber zu Matti und stupse ihn an. Er rührt sich nicht.

»Matti«, flüstere ich. »Wach auf.« Meine Fingerspitzen tanzen über seine Wange und er schlägt die Augen auf.

»Nelly, was …?« Blitzschnell lege ich ihm meine Hand auf den Mund. »Die Zwillinge sind weg.«

Seine Augen weiten sich und er befreit sich von mir. Stumm bedeutet er mir, dass wir uns draußen treffen.

Marion murrt, als ich meine Jeans, Jacke und Taschenlampe aus meinem Rucksack zerre. Ich halte die Luft an, steige über die Beine der schlafenden Hanna und verlasse das Zelt.

»Jetzt reicht es langsam, diese beiden Ratten können was erleben. Denken die eigentlich einmal an die anderen?«, regt sich Matti auf und fährt sich durch seine zerzausten Haare. »Und ich dachte schon, meine Schwestern wären schlimm.«

Der Vorplatz des Zeltes ist still, der Wald liegt wie ein schlafendes Tier vor uns, nichts als Schatten.

Mit schnellen Schritten gehen wir voran. »Wo können die nur sein?« Meine Lampe leuchtet über die Feuerstelle, an der wir zuletzt noch gefeiert hatten, hinüber zu den Pferden. Sie bemerken uns sofort und blicken zu uns.

»Ob sie einfach nur ins andere Zelt sind?«, überlege ich und Matti deutet zur Kutsche, dessen Hintertür weit offen steht. Jemand war an den Vorräten.

»Nein, die haben sich aus dem Staub gemacht«, knurrt Matti.

»Oh, nicht doch!« Meine Oma hockt noch mit Virginie im Krankenhaus, wenn sie das erfährt, bekommt sie ganz sicher einen Herzinfarkt oder Schlaganfall oder sonst was.

»Wir müssen sie zurückholen«, hauche ich mit Verzweiflung in der Stimme und kämpfe gegen Tränen an.

»Hat denn jemand ’nen Spürhund?« Matti seufzt. Ich schätze nicht, dass Frekja eine Fährte anhand einer gebrauchten Socke aufnehmen kann.

»Es muss doch Spuren geben«, vermute ich und blicke mich hilflos um. Die Nacht ist sternenlos und dunkel, im Unterholz knackt es, der Himmel grollt leise vor sich hin und kündigt erneut Regen an.

»Wenn du mich fragst, überlassen wir das alles den Erwachsenen«, meint Matti resigniert und ich könnte aus der Haut fahren. Sachte legt er seine Hände auf meine Schultern, schaut mich an. Ich kann seine Miene nicht deuten, sein Gesicht liegt im Dunkeln.

»Sie können doch nicht lange weg sein, wenn wir sie erwischen, bekommt Oma nichts mit und die Zwillinge nicht noch mehr Ärger.«

Plötzlich blendet mich gleißendes Licht, ich reiße meine Hand vor die Augen.

»Was haben wir denn da? Ein Tête-à-Tête im Mondschein? Ach, Moment, der scheint ja gar nicht.« Aurelie senkt die Taschenlampe und Matti lässt meine Schulter augenblicklich los.

»Wir haben andere Probleme«, fauche ich und verschränke die Arme schützend vor der Brust. Plötzlich ist mir kalt.

»Oui, ich weiß, die Wasabis sind futsch. Und ich helfe euch suchen,« bestimmt sie.

»Wir können hier nicht weg«, meint Matti und kickt einen Stein über den Boden.

»Können wir doch. Ich hab Marion gesagt, sie übernimmt die Verantwortung in unserem Zelt und wenn was passiert, dann spielen wir Friseur und ich schneid ihr 'ne Glatze. Ich wette, sie wird ihre Aufgabe zu meiner vollen Zufriedenheit erledigen«, erzählt sie und erst jetzt sehe ich, dass sie bereits vollständig angekleidet ist. Sie meint es also ernst.

»Und im anderen Zelt ist ja ein Betreuer der Herberge und kümmert sich um alles«, ergänzt sie. »Außerdem bin ich der gleichen Meinung, wie meine Cousine.« Sie leuchtet mir erneut ins Gesicht und blendet mich. »Wenn es die Möglichkeit gibt, die beiden zu finden, ohne dass Oma es mitbekommt, umso besser.«

»Erstaunlich, damit hätte ich nicht gerechnet, dass ihr mal derselben Ansicht seid«, gesteht Matti nachdenklich und gibt sich einen Ruck. »Aber wenn dieses Wunder geschieht, dann ja vielleicht auch andere.«

Omas sagt gerne, der *Teufel scheißt immer auf den größten Haufen*. Und prompt beginnt es wieder zu regnen, während Matti und ich Blakkur und Frekja satteln.

Wir reiten in verschiedene Richtungen, ich mit Frekja in Richtung Seeufer.

Der Haddebyer Noor liegt schwarz und ruhig vor uns und wir reiten den schmalen Strand entlang. Keine Spur ist von den Zwillingen zu sehen. Gar nichts.

Der Regen fällt in einem beständigen Tropfen und ich beneide meine Cousine, die unter Bäumen suchen darf.

Nach einer halben Stunde klingelt mein Handy und ich krame es aus meiner Tasche. Ich bin schon fast an der Straße und mir kommt immer wieder ein Gedanke in den Sinn. Unweit von hier wurde Nonni am Ufer gefunden. Nass bis auf die Haut, mit gebrochenen Knochen und halb tot.

Ich schlucke schwer und nehme ab. »Sag, dass du sie gefunden hast«, bitte ich Matti. Der Empfang ist mies hier in der Pampa und ich habe Mühe, ihn zu verstehen.

»Nein, aber ich sehe ein Licht. Es müsste in der Nähe des Ringwalls sein.«

Ich zügle Frekja, sie bleibt stehen, spitzt die Ohren. Mit einer schnellen Bewegung lasse ich die Stute wenden und spähe den Weg zurück. Wo soll dort ein Licht sein?

»Ich kann nichts sehen«, entgegne ich und unterdrücke ein Zittern. Mir ist echt schweinekalt.

»Südlich, ich reite hin.« Matti legt auf.

»Na gut, Frekja, dann wollen wir mal. Hüah«, hauche ich ihr ins Ohr und sie galoppiert aus dem Stand an, zurück am Zeltplatz vorbei in Richtung alter Wikingerstadt. Der Regen schlägt mir entgegen, sticht wie Nadeln im Gesicht, meine Stute stört es nicht. Ihre Vorfahren waren Schlimmeres gewohnt und sie verfällt in einen schnellen Rennpass über Geröll und Sandweg. Endlich erreiche ich den Ringdamm, den von Bäumen bewachsenen Schutzwall der alten Siedlung und erahne ein Glimmen in der Ferne. Mein Herz hüpft, wenn das nicht die Zwillinge sind, dann fresse ich einen Besen! Wir reiten weiter, den Blick auf den von Bäumen gesäumten Halbkreiswall gerichtet. Dann schält sich eine einzelne Gestalt aus der Dunkelheit und Frekja scheut.

»Ah!« Ich rutsche zur Seite, kralle mich in Frekjas Mähne und fluche, als ich Aurelie erkenne.

»Mann, du kannst dich nicht so an ein Pferd anschleichen. Es sind Fluchttiere, schon mal davon gehört?«, fauche ich.

Aurelie greift nach Frekjas Zügeln, die immer noch auf der Stelle tänzelt und aufgeregt brummt.

»Pardon, war nicht meine Absicht, wenn ich dich ins Grab bringen wollte, würde ich einen zuverlässigeren Weg wählen, als einen Sturz von einem so kleinen Pferd.«

Ich steige ab. Sachte kraule ich Frekjas Hals und sie beruhigt sich.

»Dort drüben hab ich ein Licht gesehen. Wie ein Irrlicht, ziemlich seltsam, wenn du mich fragst. Es tanzte und flackerte.« Aurelie spricht leise und zieht sich ihre Kapuze tiefer ins Gesicht. »Entweder hier spukt's oder ich kenn die Geister, die dafür verantwortlich sind.«

Ich stutze. Am Rande des Walls ist Buschwerk platt getreten und ich gehe in die Knie. Es sieht aus, als hätten sich Tiere in ihm verkrochen. Und ein Picknick gemacht. Ich runzle die Stirn, angle nach einer leeren Nusstüte, die mir bekannt vorkommt.

»Nanu?«, zwitschert Aurelie, die mir über die Schulter guckt. Sie klopft auf ihre Taschenlampe, endlich geht ihr Licht wieder an und leuchtet auf meinen Fund. »Wasabi-wir-denn-da?«

»Die Lottchens. Sie waren hier«, bin ich mir sicher.

»Was du nicht sagst, Nelly. Du bist so überaus klug«, freut sich meine Cousine übertrieben und ich fühle mich so was von verarscht.

»Kannst du mal aufhören damit?«, frage ich verärgert.

»Womit denn genau?«

»Mit diesem Gestichel, du machst mich wahnsinnig.«

»Ich weiß nicht, was du meinst. Wenn ich kritisiere, ist es falsch, wenn ich dich lobe auch, was willst du denn von mir?«

»Dass du mich an dich heranlässt, Aurelie. Reiß deine Scheißmauer ein. Ich hab dir doch nie etwas getan!«, bitte ich und wundere mich über mich selbst. Über meine Direktheit.

Sie lacht bitter und winkt ab. »Es gibt keine Mauern, Nelly. Nur Desinteresse. Wo warst du die ganzen letzten Jahre?« Sie bricht ab, ich will gerade nach ihrer Hand angeln, ihr sagen, dass es mir leidtut, dass wir uns verloren hatten, da höre ich Hufgetrappel. Matti auf Blakkur nähert sich und kommt im schnellen Galopp auf uns zu und unterbricht den aufflammenden Konflikt.

»So ein Angeber«, murrt Aurelie und ich bin heilfroh, dass er da ist. Denn die Frage, wo ich die letzten Jahre war, wühlt mich mehr auf, als ich will. Sie hätte sich genauso bei mir melden können, verdammt! Oder etwa nicht?

»Wir haben etwas gefunden!«, rufe ich Matti über das Geräusch des Regens hinweg zu. Kies spritzt, Blakkur stoppt wie ein schwarzer Schatten direkt neben uns. Frekja stellt sich bequem hin, sie versteht die ganze Aufregung nicht.

»Wo lag es?«, fragt er nach dem Papier und sucht mit seiner eigenen Taschenlampe das Buschwerk vor dem Wall ab.

»Die Umweltverschmutzung? Dort im Busch«, sagt Aurelie

und deutet nach vorn. Der Teil des Ringwalls erhebt sich sacht über uns. Ich kralle meine Finger an Frekjas Zaumzeug fest.

»Es könnte auch von gestern oder so sein«, erinnert uns Aurelie an die Tatsache, dass wir zuvor schon mal hier waren und der Eingang zur Wikingerstadt nicht weit entfernt ist. »Und es gibt viel zu viele Leute, die ihren Müll einfach liegen lassen.«

»Von hier kam aber das Licht und …«, Matti verstummt. »Das ist nicht zu fassen, leuchtet mal hierher.« Er drückt mir Blakkurs Zügel zu Frekjas in die Hand und taucht in den Busch hinein. »Hier ist ein Gang zwischen den großen Steinen!«

»Was?« Das erscheint mir unwahrscheinlich. Frekja gähnt, sie will lieber schlafen.

»Du spinnst doch.« Aurelie reißt an den dürren Ästen, geht ihm nach und stößt hart die Luft zwischen den Zähnen aus.

Frekja legt ihre Nase an meine Wange und ich stehe nur versteinert da. Worte, die ich erst kürzlich gelesen habe, poltern durch meinen Kopf.

*In eiserner Hand von Mutternatur liegt das Tor in Hels Reich und singt dir das Lied der Feuerpferde.*

»Das ist unmöglich«, sage ich tonlos und binde Frekja an einen tiefhängenden Ast einer morschen Eiche. Blakkurs Zügel befestige ich an Frekjas Sattel und bedeute den beiden Pferden, brav zu sein.

Matti und Aurelie legen diesen unheimlichen Spalt im Erdreich frei. Er ist etwa zwei Meter hoch, gerade einmal einen breit und ist tief in den Boden eingelassen.

»Ob der Tunnel mit zum Museum gehört? Ich wette, die Zwillinge sind hier reingeklettert«, mutmaßt Matti und mein Mund ist ganz trocken. Zu trocken, um etwas zu sagen.

»Muss ja«, antwortet Aurelie und tastet sich voran. Matti folgt ihr, leuchtet mit der Taschenlampe. »Ist ja geil. Die Show hätten sie uns mal bieten sollen, als wir da waren.«

Ich will sie zurückhalten, sie warnen und schon gehen sie hinein in den Wall, folgen in der Dunkelheit einem Weg, in diesen Abgrund. Und ich renne ihnen nach, obwohl ich es besser wissen sollte.

Das Licht der Taschenlampen erhellt einen steinernen Pfad, der immer tiefer führt und einen Knick macht. Die Wände sind gemauert mit unterschiedlich großen Steinen.

»Hey, wartet mal. Ich glaube, wir sollten hier nicht sein«, hauche ich und greife nach Aurelies Hand.

»Keine Angst, ich pass schon auf euch auf.« Matti dreht sich zu mir um, blendet mich. Ich kann sein Lächeln hören.

»Oh, là, là. Im Dunkeln ist gut munkeln«, sagt meine Cousine und kickt mich mit ihrer Hüfte. »Soll ich dich und Matti mal allein lassen?«

Ich bin verwirrt, ich dachte, sie will ihn für sich? Und hat sie mir eigentlich nicht zugehört? Matti ignoriert das Gesagte ebenfalls und geht einfach weiter. Ich trete auf etwas, es knirscht und ich leuchte auf den Boden.

»Das sind doch diese Nasabiwüsse, äh, Wasabinüsse«, sage ich und zerbrösle sie in meinen Händen.

»Krasser Scheiß«, haucht Matti, legt den Kopf in den Nacken und betrachtet die Decke über uns. Bilder sind auf den Stein aufgebracht, so eine Art Wappen. Pferde mit Drachenköpfen, die sich auf die Hinterbeine stellen. Feuer dringt aus den Nüstern und schimmert im Licht der Taschenlampe. Feuerpferde.

»Wartet mal, Leute! Ich lese doch dieses Tagebuch von diesem Nonni und in dem Text geht es oft um ein Grab, das hier versteckt sein soll. Und es klingt so, als ob es sehr gefährlich ist, es zu finden …« Aurelie unterbricht mich.

»Très jolie. Was das wohl bedeutet?«, fragt sich Aurelie bei den Bildern und geht einfach weiter, immer tiefer in den Schlund, der sein Maul spreizt. Und was noch viel gruseliger ist, Licht dringt aus ihm heraus, als würden zuckende Flammen in ihm brennen.

»Nerdammt vochmal! Hört ihr mir mal zu?«, werde ich schärfer.

Unsere Schritte hallen laut wider und ich unterdrücke den Drang, alleine umzukehren.

»Gib mir mal dein Feuerzeug«, befiehlt Matti und zupft an Aurelies Hoodie. Sie bleibt stehen.

»Denkst du, das ist jetzt der richtige Augenblick, um mit dem Rauchen anzufangen?«, frotzelt sie, dreht sich nicht um, hält ihm nur das kleine blaue Ding entgegen und er fischt es aus ihrer vielberingten Hand. Dabei schenkt er ihr eines seiner netten Lächeln. Ich wende mich ab, betrachte die Wand zu meiner rechten. Auf Kopfhöhe verläuft eine im Stein eingelassene Rinne mit einer Flüssigkeit darin, die nach Öl riecht.

»Und es werde Licht«, höre ich Matti sagen, als er sie entzündet. Flammen züngeln, laufen zischend wie in einem Fluss von hier bis zum Eingang der Höhle zurück und erhellen die Umgebung. Erst jetzt kann ich sehen, wie hoch die Decken wirklich sind, wie tief der Gang sich nach unten gräbt und mir bleibt die Luft weg. Ich bin mir sicher, wir haben den Pfad zur Grabkammer Eriks des Roten gefunden. Und wenn ich daran denke, dass womöglich Nonnis Vater auf der Suche danach verschwand, wird mir angst und bange.

»Was ist, wenn wir in eine Falle laufen?«, warne ich. »Der Letzte, der nach dem Schatz der Feuerpferde gesucht hat, ist nie wieder aufgetaucht. Er ist verschollen, sehr wahrscheinlich tot.« Ich rutsche aus, Matti wirbelt herum, fängt meinen Sturz an.

»Vorsicht Chefin, der Boden ist feucht.« Ich mache mich mit pochendem Herzen von ihm los.

Er zwinkert. »Du siehst Gespenster, es gibt hier keinen Schatz. Nur zwei entlaufene Zwillinge, die versuchen, sich zu verstecken.« Matti lacht und geht neugierig weiter. »Die Höhle gehört mit zur Wikingershow von Haithabu.«

»Und warum mussten wir sie dann erst freilegen?« Ich wette, die Möchtegern-Wikinger haben keinen Schimmer von dem Gang unter ihrem Schutzwall. Manchmal trickst der Teufel mit dem Schicksal und öffnet Tor und Tür zu seinem Reich oder so ähnlich.

»Weil sie vielleicht nur zu bestimmten saisonalen Events freigegeben wird«, vermutet Matti hingegen. »Und die beiden Mädchen haben sich vor dem Regen schützen wollen und haben den Eingang zufällig gefunden.« Beinahe spüre ich sein Achselzucken.

»Die sitzen irgendwo ganz da hinten und futtern im Licht ihrer Taschenlampen ihre Wasabinüsse«, meint Aurelie spöttelnd über meine Feigheit.

»Wenn ihr meint«, gebe ich mich nun endlich geschlagen.

# Wie man seinen Kopf verliert

»Carlotta, Lieselotta!«, ruft Aurelie und ihre Stimme bebt in meiner Magenkuhle, so laut wird sie von den Wänden zurückgeworfen.

»Krass, guck mal. Dort stehen alte Krüge oder so was.« Matti bückt sich, der Gang erweitert sich hier zu den Seiten und vor einem Felsen mit Runen stehen Opfergaben. Oder eine alte Wasserflasche, die jemand hier vergessen hat. Eine kleine Tasche liegt im Dreck, ich bücke mich und lese die verschlissenen Initialen: N. H. Wie *Nonni Helguson*. Matti findet eine Schokoriegelverpackung, die ich noch nie gesehen habe. »Also, wenn ihr mich fragt, das ist der Beweis, dass der Tunnel für Touristen zugänglich ist.« Matti grinst.

»Man sollte solche Umweltsünder durch die Guillotine hinrichten lassen, einfach den Müll hier zu entsorgen. Tsss. Die spinnen doch«, knurrt meine Cousine und mir stellen sich die Nackenhaare auf. »Zack, Kopf ab!«

Ich streiche mit den Fingern über eine der Runen, die an den Wänden immer wieder auftaucht. Sie sieht aus wie ein großes R. Und ich erinnere mich, darüber in Nonnis Tagebuch gelesen zu haben. Es bedeutet so viel wie Reise oder Ritt. Einen Lebensweg bestreiten. Ich wünschte, ich hätte mir das ganze Alphabet eingeprägt. Denn ich bin mir sicher, dass es sich um Warnungen handelt, die hier eingearbeitet sind. Dass sie von Feuerpferden sprechen, wie Funi eines war. Der Hengst, der angeblich mit Erik beerdigt wurde.

»Ich hab da ein ganz ungutes Gefühl. Der Junge, um den es im Tagebuch geht, wurde schwer verletzt am Seeufer gefunden … Und ich glaube, er war vorher hier in dieser Höhle«, berichte ich.

»Du immer mit deinen Gefühlen. Vielleicht hatte der auch einen Segelunfall«, antwortet Aurelie genervt. »Wir können die Zwillinge ja schlecht hierlassen, oder?«, fällt sie mir ins Wort, als ich erneut nach Luft schnappe, um sie zur Umkehr zu bewegen.

»Können wir denn überhaupt sicher sein, dass sie wirklich hier sind?« Vielleicht lauert etwas ganz anderes im Bauch dieser Höhle? Die ganzen Fabeln und Märchen über Gnome, Trolle und Elfen der isländischen Mythologie fallen mir wieder ein. Okay, wir sind in Deutschland. Aber haben nicht alle

Geschichten einen wahren Kern? Und man sagt über Erik den Roten, dass er selbst Halb-Riese gewesen sein soll.

»Vielleicht ist es Lokis Tochter Hel, die germanische Totengöttin selbst, die auf uns wartet?«, scherzt Matti und ich schnaufe auf. War ja klar, dass er mich nicht ernst nimmt. Und wegen diesem Jungen hatte ich Bienen oder Schmetterlinge im Bauch?

»Ja, genau, Matti«, zische ich wütend. »Und Asterix und Obelix kommen gleich mit dem Wildschwein um die nächste Ecke.« Aurelie gluckst vergnügt. Ich reiße mich zusammen und beschleunige meine Schritte. Wenn, dann will ich das hier schnell hinter mich bringen.

»Wusstet ihr, dass der Begriff ›Hölle‹ von eben der Göttin Hel abstammt?«, geht mir so nebenbei durch den Kopf und der Tunnel macht einen Knick. Ich frage mich, wie weit wir schon gelaufen sind, und höre plötzlich Stimmen, die mir bekannt vorkommen.

»Ich kauf mir ein eigenes Pferd«, erkenne ich Carlotta. »Wir werden so was von reich sein.« Etwas schabt über Stein, unsere Schritte werden schneller, der Weg wird abschüssig und schmaler.

»Wir werden steinreich und kaufen uns die ganze Welt«, meint Lieselotta.

»Ja, und einen Hund.«

»Aber ohne Zähne, den Hund.« Wasser gurgelt.

Matti geht voran und wir tauchen durch eine Art Torbogen aus weißen Knochen. Komisch, dass nur mich das zu beunruhigen scheint. Der Raum, von dessen Decke spitze Tropfsteine wie Zähne ragen, wird von Taschenlampen und dem schmalen Feuerfluss erhellt, der bis hierher läuft. In der Mitte scheint eine Wand eingestürzt zu sein und weiter rechts, hinter Geröll, plätschert leise ein Gewässer vor sich hin, in dem die Kinder herumwaten und anscheinend Münzen sammeln. Lieselotta legt sie wie Sterntaler in ihr Hemdchen und mein Blick wandert hinauf in ein Himmelsrund, in dem man doch tatsächlich den Mond erkennen kann. Der Brunnenschacht von Haithabu! Wir sind genau unter der alten Wikingerstadt.

»Bin ich froh, dass wir euch gefunden haben«, begrüßt Matti erleichtert die Zwillinge und sie schauen verdutzt zu uns herüber. Sie sehen gar nicht so begeistert aus, dass wir auch hier sind.

»Wir teilen nicht!«, brummen sie und Carlotta fischt in erhöhter Geschwindigkeit nach den Glücksmünzen im silbrigen Wasser.

»Eure Euronen könnt ihr behalten«, zischt Aurelie säuerlich und stemmt die Hände in die Seite. »Hauptsache, wir können jetzt zurück zum Zeltplatz und noch ein bisschen schlafen. Ihr seid wirklich ein spezialgelagerter Babysitterjob.«

»Wir brauchen keinen Babysitter. Ihr könnt wieder gehen. Und außerdem sind das keine Euros«, antwortet Carlotta und legt ihren Lockenkopf schief. »Das ist ein Schatz.«

»Mon Dieu.« Aurelie verdreht die Augen.

»Ihr kommt mit, bevor ihr noch mehr Unsinn anstellt. Ich wette nämlich, hier ist der Zutritt strengstens verboten und Eltern haften für ihre Kinder.« Matti steigt über Geröll, geht auf die gegenüberliegende Wand zu, die seine Aufmerksamkeit einfängt.

»Aber, wir haben das hier alles gefunden«, quäken die Zwillinge.

»Fragt sich nur, was noch alles hier ist?«, flüstere ich und hasse es, wie meine Stimme von den Wänden verschluckt wird. Und noch mehr hasse ich es, dass die Wand, vor der Matti steht, aus Hunderten Pferdetotenschädeln besteht.

»Krasse Requisiten haben die hier. Die haben ja ein richtiges Kunstwerk erschaffen«, wundert er sich und die Zwillinge eilen an seine Seite.

»Was zum Teufel ist das?«, fragt Aurelie und leuchtet die mit Runen verzierten Pferdeschädel ab. Dann widmet sie sich einer Art Tafel, auf der Sterne über einem Himmel angeordnet sind. Odin in seinem Streitwagen wird von einem Pferd von Osten nach Westen gezogen.

»Das ist ja wohl ganz klar die Tür zu einem Schatz, hier steht's doch.« Carlotta deutet mit dem Finger nach unten links. Ich runzle die Stirn, schaue genauer hin und erkenne tatsächlich die Abbildung von Kriegern, die Schätze in Truhen hüten.

»Man muss nur auf den richtigen Stern drücken, glaub ich. Und dann bekommt man alles und ist reich. Und wir waren zuerst hier!«, erklärt Carlotta.

Sie ist alles andere als dumm. Sie könnte recht haben.

»Ich glaube, wir sollten erst mal wieder gehen und jemanden vom Museum dazuholen.«

»Ach was, warte doch mal. Das ist ja höchst interessant«, haucht Matti und ich entdecke das Symbol, das im weitesten Sinne für die Seele steht.

»Wirklich schön, oder, Nelly?«, fragt er mich und seine Begeisterung ist beinahe ansteckend. Ebenso wie sein süßes Lächeln.

»Ja, sehr«, gebe ich also zu und steige unsicher von einem Bein aufs andere. Die Zwillinge huschen umher, klettern wieder zurück ins knietiefe Wasserbecken.

»Kommt da raus, ihr holt euch noch den Tod«, befiehlt meine Cousine, stapft auf Lieselotta zu und zupft an ihrer Jacke. Dann legt sie den Kopf in den Nacken und blinzelt hinauf. »Wahnsinn, ist das der Brunnen von Haithabu?«

Ich nicke, wenn man genau hinschaut, kann man sogar den Eimer erkennen, der am Seil baumelt. Die Leute müssen den Brunnen gegraben und diesen Hohlraum und den Tunnel nur knapp verfehlt haben. Ob die Wand, die den Schacht von der Höhle trennte, erst kürzlich zusammengefallen ist?

»Oh, là, là.« Aurelie angelt nach einer Münze und dreht sie skeptisch in ihrer Hand. »Die sind aber wirklich alt.«

»Ihr beiden habt uns einen riesigen Schrecken eingejagt. Und wir sind froh, dass es euch gut geht«, sage ich freundlicher zu den beiden Mädchen, die patschnass vor mir stehen und grimmige Blicke tauschen. Sie werden sich ganz sicher den Tod holen, wenn sie nicht schnell ins Trockene kommen.

»Das habt ihr verdient, ihr wart alle hundsgemein zu uns«, lassen sie uns wissen, klettern mit vollen Händen über den nassglänzenden Schutt zu ihren Rucksäcken, aus denen die Köpfe der Teddys gucken, und schaufeln ihren Schatz hinein.

»Ja, weil ihr beinahe unser Lager abgefackelt hättet«, erinnert sie Aurelie, die mit ihren Turnschuhen im Wasser herumwatet. »Wisst ihr, was ich mich frage?«, sagt sie und guckt uns grinsend an. »Ob die damals in Haithabu auch solche Zwillinge hatten, die für den Untergang der Stadt sorgten. Die Siedlung ist doch abgebrannt, oder?«

»Möglich«, steigt Matti darauf ein und betrachtet beeindruckt die Verzierungen an der Wand aus Pferdeschädeln.

»Hört auf, es bringt doch nichts, die beiden weiter zu ärgern«, schlichte ich. »Ihr habt ja recht, wir waren gemein. Aber wisst ihr, wer am meisten leiden wird, wenn ihr nicht mit zurückkommt?«, will ich von den Mädchen wissen. Und es hilft, Lieselotta sieht plötzlich betroffen aus. Ein bisschen zumindest.

»Frau Bruns ist dann traurig, oder?«, überlegt sie und zupft am Ärmel ihrer Schwester, die auf stur stellt.

»Genau, deshalb ab zum Zelt, bevor meine Oma was mitbekommt«, bitte ich und versuche Carlotta in Richtung Torbogen zu manövrieren.

»Uih, noch mehr Totenkram«, stößt Aurelie aus, als sie erkennt, aus was die Umrandung zurück in den Tunnel besteht.

»Du Blitzmerkerin«, murre ich.

»Soll das hier eine Art Kultstätte darstellen?« Sie leuchtet mit der Taschenlampe genauer hin und ich ziehe scharf die Luft ein. Denn am höchsten Punkt befindet sich eingebettet in anderen Knochen ein Pferdeschädel, in dessen Augenhöhlen goldene Steine gesetzt wurden, die zu leuchten scheinen.

»Kann schon sein, dass es eine Rekonstruktion, also Nachbauten, sind. Wie die der alten Häuser und des Langschiffs im Museum«, antwortet Matti gedankenverloren.

»Das ist keine Rekonstruktion.« Ihr Deppen, möchte ich hinzufügen, lasse es aber sein. »Wir haben den Zugang zum Schatz der Feuerpferde gefunden.« Ich deute auf eine Rune, die mir besonders ins Auge sticht.

»Dieses Symbol heißt Pferd, es steht für Loyalität, Bewegung und Treue.« Ich zögere, traue mich dann, die Knochen, die fein säuberlich ins Felsgestein eingearbeitet sind, zu berühren.

»Los, drück die Sterne. Dann gibt's einen Preis.« Carlottas Augen glitzern im Schein des Feuers in den Rinnsalen.

»Wir sind hier nicht in einem Casino«, wirft Aurelie ein, die blasser aussieht als sonst.

»Könnte Nelly recht haben?«, will sie von Matti wissen und ich werfe ihr einen bitteren Blick zu. »Natürlich hab ich recht.«

»Was ist ein Casino?«, fragt Lieselotta ihre Schwester und runzelt die Stirn. Sie schultert ihren Rucksack.

»Da kann man Entchen angeln und Dosen werfen«, antwortet sie ganz selbstverständlich und liegt knapp daneben.

»Und was, wenn wir den falschen Stern drücken?«, frage ich mich. Ich entdecke einen langen Knochen auf dem Boden, dessen Ende zu einem Stern geschnitzt ist. Er passt genau auf die Sternformen an der Wand.

»Dann aus die Maus«, singt Carlotta und spielt mit einer der Münzen in ihrer Hand.

»Was soll schon passieren?« Mattis Lächeln ist wacklig und er nimmt mir den Knochen, den ich aus dem Geröll gezogen habe, aus der Hand und will ihn am ersten Stern ansetzen.

»Halt!« Mit wildem Herzschlag greife ich nach seinem Arm und halte ihn auf.

»Wenn es sich auf das Lied der Feuerpferde bezieht, dann geht es um die Seelenfarben. Wie viele Farbvariationen haben die Islandpferde?« In Windeseile gehe ich sie durch. Es gibt fast alles, bis auf Tigerschecken und Knabstrupper.

»Zwölf?«, überlegt Aurelie und vergräbt ihre Hände tief in den Taschen ihres Hoodies.

»Also zwölf«, haucht er. »Von links nach rechts gezählt? Oder von rechts nach links?«

»Wie Odin mit seinem Wagen die Sonne übers Firmament zieht«, bin ich mir sicher.

Matti drückt zu, es wird zuerst ganz still in der Höhle. Wir alle halten den Atem an, doch es passiert nichts. Bis auf ein gespenstisches Kreischen, dass von weit her zu uns herangetragen wird.

»Dreizehn. Auf Island sagt man, es gibt auch die Farbe Pink«, fällt mir ein.

Aurelie stößt hart die Luft aus. »Du und dein Rosafimmel. Wir sind hier nicht bei ›My little Pony‹ in der Plastikfabrik. Pinke Pferde. Pf.«

»Doch, Aurelie, warte mal. Einige Schimmel schimmern im Licht der untergehenden Sonne pink«, springt Matti mir bei.

Matti setzt den Knochen erneut an, wartet. Unsere Blicke verbinden sich, fragend. Ich nicke, lege meine Hand auf seine und wir schieben den Stern gemeinsam ins Innere der Wand. Ein Klicken ertönt, geht in ein durchdringendes Schaben über und die Schädel der Wand gleiten zurück, geben einen weiteren Gang frei. Knochen ranken wie Kletterpflanzen an den Wänden empor und flechten ein unwirkliches Dach aus Elfenbein. Ich ziehe scharf die Luft ein, es müssen Hunderte Pferde hierfür gestorben sein. Eine ganze Herde vielleicht.

»Krass!«, stößt Matti bewundernd aus.

Plötzlich fährt mir ein Lufthauch durchs Haar, die Atmosphäre verdichtet sich. Aurelie scheint es auch zu spüren.

Ein Dröhnen und Schleifen ertönt, kommt näher. Aus dem Tunnel, aus dem wir gekommen sind, direkt auf uns zu.

Wir wirbeln herum, meine Beine weichen wie von selbst zurück. Das Geräusch verwandelt sich in Donnergrollen und Schatten tanzen an den Wänden, vereinen sich zu etwas Großem.

»Was ist das?« Die Zwillinge halten sich aneinander fest und ich greife unwillkürlich nach Mattis Hand. Sie ist eiskalt.

Aurelie dreht sich wild um die eigene Achse, findet eine Waffe, einen dicken Stein und stellt sich direkt vor den Rundbogen aus Knochen, bereit, was auch immer da auf uns zuhält anzugreifen.

Ein geisterhaftes Wiehern wabert zu uns herüber, eine riesige Gestalt rast aus dem Tunnel auf uns zu und ich beginne zu schreien.

»Ein Drachen«, krächzt Carlotta und flüchtet in den neuen Gang hinein. »Ich will zu Mama!«

»Wir wollen zu Mama«, mischt sich der andere Zwilling ein und ich verenge die Augen. Der Donner wird zu Hufgetrappel.

»Das ist unmöglich«, höre ich Matti sagen.

Ein riesiges Tier mit zwei Köpfen schält sich aus dem Halbdunkel des Ganges und für einen Moment denke ich an Geister. Das Rot der Flammen spiegelt sich in den Augen zweier Feuerpferde. Ich keuche auf. Entsetzen spiegelt sich auf Mattis Gesicht. Doch dann, einige Herzschläge später, erkenne ich, wer da vor uns steht.

»Das ist Frekja!« Ich fasse es nicht. Sie zerrt einen Teil des morschen Astes hinter sich her, an den ich sie gebunden hatte. Und Blakkur, der quasi mitgezerrt wird, weil ich ihn an Frekjas Sattel befestigt habe. Ich wage mich vor, angle nach dem Zügel. Frekja schnaubt laut, freut sich sichtlich mich zu sehen und sucht sofort in meinen Taschen nach Keksen. Aurelie lässt den Stein in ihrer Hand fallen und stützt sich schwer atmend an der Wand ab.

»Du bist so verrückt«, hauche ich, drücke meiner Stute einen Kuss auf die Nase und Matti hilft mir, sie vom Ast zu befreien.

»Hö hö, die wollten uns erschrecken«, überspielt Carlotta ihre eben noch empfundene Angst und traut sich wieder zu uns in die Höhle.

»Hat ja auch geklappt«, sagt ihre Schwester und drückt ihren Rucksack samt Teddy fest an sich.

Blakkur ist nervös, rollt mit den Augen, während ich seine Zügel von Frekjas Sattel löse. Der schwarze Wallach schlägt mit dem Kopf, fegt mich fast von den Beinen.

»Brav, mein Guter. Alles ist in Ordnung«, flüstere ich ihm zu und hoffe, dass es wahr ist. Ich tätschle sein Fell und übergebe ihn an Matti. Die Schatten der Pferde erheben sich riesig und zuckend im Feuerschein. Kein Wunder, dass wir uns beinahe in die Hose gemacht hätten.

»Wenn ihr mich fragt, ist das ein Zeichen. Wir sollten gehen. Die Pferde müssen hier sowieso raus«, bestimme ich.

»Du scherzt doch, es hat sich gerade auf wundersame Weise ein Tor für uns zu einem Schatz geöffnet und du willst an die frische Luft? Was stimmt nicht mit dir?«, sagt Aurelie, die sich schon aufmacht, den neuen Gang zu erkunden.

»Wenn du richtig liegst, Nelly, was äußerst unwahrscheinlich ist, dann könnte das hier Omas Probleme lösen!« Sie macht eine ausladende Geste und ehe ich mich versehe, führt Matti seinen Wallach an mir und Frekja vorbei, Aurelie hinterher. Geschickt am Geröll entlang.

»Lass uns nur mal einen Blick hineinwerfen. Wir können jederzeit umkehren«, meint er und mein Kiefermuskel zuckt.

»Oh Mann. Ihr seid alle miteinander verrückt geworden«, brumme ich und folge ihnen. Die Zwillinge halten sich an den Händen, übernehmen die Führung. Und ich klammere mich an Frekja, die einmal mehr die Ruhe selbst ist.

Aurelie leuchtet die Wände ab.

»Schau nur, was man aus alten Knochen so alles zaubern kann«, staunt sie.

»Ja, toll. Und so hübsch eingebettet in jahrhundertealten Staub.« Alles um uns herum wird scheinbar leiser. Unsere Stimmen und der Hufschlag der Pferde werden von den gespenstischen Wänden verschluckt.

Matti sagt nichts mehr, seine Anspannung ist greifbar.

»Hört ihr das auch?«, durchbricht Aurelie die Stille. Sie bleibt stehen, lauscht.

»Ja, dieses Kratzen. Als wenn jemand hinter den Wänden sitzt und von innen mit Metall am Stein schabt.«

»Oder etwas«, murmle ich und atme tief ein und wieder aus. Frekja ahmt mich nach.

»Seht nur, der Weg endet.« Matti bringt Blakkur zum Stehen. Der Wallach scharrt ungeduldig mit dem Huf. Ich spähe an ihnen vorbei und erkenne eine weitere Wand, verziert mit einer Art Silberfäden. Und in der Mitte befindet sich ein Kreis oder Rad, in dessen Speichen Runen stehen. Und in der Mitte ein Knopf mit einer kleineren Rune, die aussieht wie ein Fisch.

»Das Erbrecht«, höre ich mich sagen und denke an Nonnis Amulett. Es ist genau dieses Symbol.

Alle gucken mich komisch an.

»Was?«, fragen Matti und Aurelie wie aus einem Mund. Ich ziehe die Schultern unbehaglich hoch. »Ich sagte doch, ich habe darüber gelesen. Im Tagebuch.« Ich komme näher.

»Erzähl«, fordert Matti und wendet Blakkur, richtet ihn rückwärts, damit ich mehr Platz habe.

Ich leuchte mit meiner Lampe das Rad ab. »Das X steht für ein Geschenk, dieses Laguz…« Ich deute auf ein Symbol, das aussieht wie ein unfertiges Dach »… steht für Wasser. Und das Element steht für Erneuerung und Lebenskraft.«

»Drück den Knopf«, zwitschern die Zwillinge und Carlotta hebt sofort ihre Hand, im Begriff draufzudrücken. Ich fange sie ab. »Lasst das lieber.«

»Nelly, was genau steht in diesem Tagebuch über die Runen?«, hakt Matti nach und dieses Schaben in den Wänden wird lauter. Mir ist irgendwie übel. Meine Gedanken machen mich wirr, ich versuche zu verstehen, wie die Recherche zu Erik dem Roten von Nonnis Vater ins Bild passen.

Aurelie stößt etwas mit dem Fuß an, zuerst denke ich, es ist ein Ball, doch dann gucken mich zwei tote Augen an.

»Scheiße«, kreische ich, als der Schädel vor mir liegen bleibt, und falle nur nicht, weil ich mich an Frekjas Zügeln festhalte. Frekja erstarrt. Blakkur wiehert schrill, er will wie ich einfach nur weg und Matti bändigt ihn gerade noch, bevor er lossprinten kann.

»Merde, wo kommt der denn her?« Aurelie verzieht ihr Gesicht angewidert.

»Ist das ein Totenkopf?«, will Carlotta wissen.

»Ja, sieht so aus.«

Meine Cousine ist nicht oft fassungslos, jetzt ist sie nah dran, während sie die Zwillinge so mustert. Die beiden gucken ohne Regung zurück.

»Es wäre jetzt die Zeit, sich zu fürchten«, schlägt sie vor.

»Wir waren schon hundertmal in der Geisterbahn«, antworten die Mädchen und zucken die Achseln.

»Mon Dieu, aber diese Leiche ist nicht aus Plastik. Hier ist jemand gestorben.« Das Gesagte sickert langsam ins Hirn der Kinder und sie deuten ein Kopfschütteln an, als würde sich dieser Ort dann doch in eine Geisterbahn verwandeln.

»Eigentlich schön, wenn man so an Realitätsverlust leidet. Dann verliert das Leben ganz schön an Schrecken.« Aurelie lacht heiser und reckt ihnen den Daumen entgegen. »Darauf 'ne Wasabinuss.«

Der Schädel liegt immer noch zu meinen Füßen und ich frage mich, ob er wohl Nonnis Vater gehörte. Und wie der Gute seinen Kopf verloren hat.

Aurelie verliert derweilen dann doch die Nerven und macht einen Rückzieher. »Ihr kommt jetzt sofort mit, ihr Kröten! Wir werden jetzt alle gehen und Hilfe holen für die Schatzsuche«, faucht sie die beiden Kids an.

»Manno, wir brauchen doch nur noch den Knopf drücken«, mault Carlotta.

»So einfach ist das bestimmt nicht«, erkläre ich und will Frekja in dem schmalen Gang wenden.

»In dem Tagebuch von Nonni steht einiges über diese Runen«, flüstere ich. »Es muss eine Nachricht sein. Die Wikinger haben mithilfe von Runen sogar mit ihren Göttern kommuniziert, glaube ich. Sicher muss man die Botschaft richtig verstehen, wenn man eben *nicht* den Kopf verlieren will …«, vermute ich. Matti übergibt die Zügel von Blakkur an Aurelie und schickt sie mit einem Kopfnicken zurück in Richtung Ausgang.

»Wie heißt der Gott der Ungeduld noch mal?«, fragt er und will sich die Zwillinge schnappen, die immer noch wie hypnotisiert das Rad mit seinen Runen anstarren.

»Hammersbald«, antworte ich und setze mich mit Frekja in Bewegung.

Dann geschehen drei Dinge gleichzeitig: Das Schaben hinter den Wänden wird so laut, dass ich mir die Hände auf die Ohren drücken muss. Blakkur stellt sich vor Schmerz in seinem empfindlichen Gehörgang auf die Hinterbeine und einer der Zwillinge, stürzt und drückt mit dem Hintern aus Versehen den Knopf in der Mitte des Rads. Ein schrilles Kreischen von Stein auf Stein ertönt. Blakkur stürmt nach vorne, Aurelie schreit auf, wird mitgerissen. Ich habe ihr tausendmal gesagt, sie soll die Zügel nicht um ihre Handgelenke wickeln.

Ich stolpere über den verdammten Totenschädel und stürze der Länge nach hin. Schmerz zuckt durch meine Knie. Matti hilft mir hoch. Staub und Dreck rieselt von der Decke, der Boden vibriert und das Kreischen hört nicht auf.

»Raus hier!«, brüllt Matti über den Krach hinweg. Ich renne los, die Zwillinge neben mir. Frekja donnert voran, ich werde mitgezogen. Blakkur erreicht die Tropfsteinhöhle mit dem Wasserbecken. Aurelie droht über das Geröll geschliffen zu werden. Und ich kann nur zugucken!

Gerade noch rechtzeitig, schafft sie es, auf die Beine zu kommen und wird vom schwarzen Wallach unter dem Torbogen aus Pferdeknochen in den Gang hinausgezogen, der in die Freiheit führt.

Aurelie und mein Blick verbinden sich für den Bruchteil einer Sekunde miteinander, als wir realisieren, dass viel zu schnell eine Mauer aus dem Boden wächst und uns trennt.

Ich stürze vorwärts. Frekja, die Klügere von uns beiden, stemmt die Beine in den Boden. Ich lasse sie los.

»Nein!« Mein Schrei klingelt in meinen Ohren. Mattis

Arme schließen sich um meine Mitte, als ich daran denke, mich einfach in die Öffnung zu werfen, die sich schließt.

»Bist du verrückt?!« Mattis Griff wird fester und ich wehre mich gegen ihn.

»Aurelie!«, rufe ich, schlage gegen den kühlen Stein, der mit weiteren Runen beschriftet ist, die ich nicht kenne.

»Ich kann dich hören«, kommt es von der anderen Seite und Frekja wiehert, als rufe sie nach Blakkur. »Comment vas-tu? Seid ihr okay?«, will Aurelie wissen.

Nichts ist okay, aber auch gar nichts! »Ja. Und bei euch?«, muss ich wissen und lasse meine Hände an den Seiten des Tors entlangfahren. Irgendwo muss doch ein Mechanismus sein, um es wieder zu öffnen. Ganz sicher. Das Kreischen und Schaben hat aufgehört. Nur das Plätschern des Wassers vom Brunnen ist zu hören.

»Uns geht's super, Blakkur und ich sind *nicht* eingesperrt«, antwortet meine Cousine aufgekratzt. Matti stemmt sich mit aller Kraft gegen den Stein.

»Das ist keine Tür, die man einrennen kann«, hauche ich und denke über Superkräfte nach.

Ich wende mich unendlich langsam den Zwillingen zu, die Hand in Hand neben Frekja stehen und mich schuldbewusst anglotzen.

Carlotta schluchzt und Lieselotta fängt auch an zu weinen.

»Schon gut, es wird alles wieder gut«, flüstere ich, sinke in die Hocke und nehme die beiden in den Arm. Ihre Hände schließen sich in meinem Nacken und ihre Tränen laufen mir in den Kragen. Frekja trottet zu uns, stupst uns tröstend.

»Wir kommen hier schon wieder raus«, verspricht Matti bemüht locker.

Doch mein Magen wird zu Eis, als ich etwas bemerke: Das Wasser in dem Becken beginnt zu steigen, die Oberfläche kräuselt sich und ein Sog entsteht, der irgendwo in die Tiefe führt. Ich befreie mich von den Kindern und deute hinter Matti, der es jetzt auch begreift.

»Fuck!« Er tigert umher, versucht mit dem Handy, Netz zu bekommen, doch es geht nicht. Ich selbst bekomme auch keinen einzigen Balken hier unten. Er wendet sich dem geschlossenen Tor wieder zu. »Aurelie, kannst du telefonieren?«

»Nein, mein Akku ist doch leer. Ich hab das Handy nicht mal dabei.«

»Okay, du musst Hilfe holen!«, bittet Matti. Keine Spur mehr von Coolness.

»Was du nicht sagst«, zwitschert sie zurück. »Ich gehe zum Zeltplatz und rufe die Feuerwehr.«

»Nein, du musst schneller sein, du musst reiten«, stoße ich aus. »Und du musst uns etwas aus dem Rucksack holen, das Amulett.«

»Ah, so eitel. Du willst gut aussehen, wenn ihr gerettet werdet.« Ich glaube sie lacht.

Das Wasser tritt über das Ufer, nimmt langsam, aber beständig den Felsboden ein. Frekja guckt schon ganz komisch und tritt rückwärts. Es muss hier irgendeine Verbindung zum See geben, einen unterirdischen Fluss vielleicht. Und der muss Nonni damals zum Verhängnis geworden sein. Oder hat ihn gerettet, wer weiß das schon? Ob er irgendwo hinausgetaucht ist? Ob es überhaupt möglich ist?

»Oh, oh«, staunen die Zwillinge über das gurgelnde Wasser. »Wie dreht man denn den Hahn wieder zu?« Carlotta nimmt ihren Teddy in den Arm, vergräbt ihr kleines Gesicht in ihm.

»Du verstehst nicht, Aurelie«, setze ich zu einer Erklärung an. »Wir müssen eine Falle ausgelöst haben. Uns wird bald das Wasser bis zum Hals stehen!« Meine Stimme versagt und Angst kriecht mir wie Getier unter die Haut.

»Wie kommst du darauf, dass ein Schmuckstück uns helfen kann?« Mattis Blick verengt sich und ich deute in den Gang, aus dem wir eben geflohen sind. »Die Rune auf dem Knopf, den die Kinder gedrückt haben, man hätte ihn mit dem Amulett bewegen müssen. Die Lottchens haben eine Falle ausgelöst, weil sie das Othala nicht hatten, das Erbrecht«, bin ich mir beinahe sicher.

»Aurelie, hast du gehört, was Nelly gesagt hat?«, vergewissert sich Matti.

»Alors, ich laufe so schnell ich kann!«, höre ich meine Cousine sagen. Ich lehne mich wieder an die verschlossene Wand unter dem Knochenrundbogen.

»Das dauert zu lange, Aurelie«, jammere ich. »Du musst reiten! Blakkur trägt dich ganz sicher und er ist schnell.«

»Ist das dein Ernst?« Aurelie hört sich panisch an. Ich lehne meine Stirn an den kalten Stein.

»Bitte, du musst!«

»Merde. Das kannst du nie wiedergutmachen«, knurrt sie und ich höre Hufe, die sich auf Steinboden drehen.

»Du liebes Cheval, bleib jetzt mal ganz still stehen«, höre ich weiter zu. »Merde, merde, merde!«

»Was ist los?«

Etwas kracht. »So jetzt.«

»Stell dich dicht an Blakkurs Schulter und nimm die Zügel auf!«, kommandiere ich angespannt und lausche.

»Mon Dieu«, jault Aurelie ein weiteres Mal und ich beiße mir auf die Unterlippe. Ich könnte aus der Haut fahren.

»Das stupide Pferd bleibt nicht stehen!«

»Eine Hand in die Mähne, Fuß in den Steigbügel und lehne dich nach vorne. Er wird dann anhalten und warten, bis du oben bist.« Bitte, Blakkur, sei brav! Frekja pustet ihren warmen Atem in meinen Nacken und lauscht.

»Okay«, ächzt Aurelie.

Matti und mein Blick verbinden sich für den Bruchteil einer Sekunde. »Fass fest in die Mähne …«, kommandiert er.

»Mach ich ja.«

»… dann leicht nach vorne lehnen und mit den Beinen treiben …« Matti wird von ihr unterbrochen. »Haltet ja durch, bis ich wieder … uah!«

Ich höre Blakkur, wie er in einen Trab fällt, der durch das Echo wieder zu Donnergrollen wird.

»Wir müssen doch etwas tun können.« Matti fährt sich unruhig übers Gesicht. Weit über uns leuchten nun Sterne durch den Brunnenschacht und ich bete, dass Aurelie schnell zurück ist. Und dass sie nicht von Blakkurs Rücken fällt und sich das Genick bricht.

# Den Kopf unter Wasser

»Vielleicht kann man das Wasser irgendwie stoppen«, überlegt Matti und versucht den gedrückten Knopf wieder herauszubekommen, indem er sein Taschenmesser als Hebel benutzt. Die Klinge bricht ab und fällt ins Wasser, was uns jetzt bis zum Knöchel ragt. Die Zwillinge sind bei Frekja in der Höhle und ich malträtiere das Rad mit der Rune weiter.

»Ich denke, die einzige Chance haben wir mit dem Amulett, es ist der Schlüssel.« Hoffentlich kommt Aurelie zurück und zwar schnell! Ich zittere vor Kälte und Aufregung. Frekja wird ebenfalls unruhig und ruft nach mir. Die Zwillinge haben Mühe, sie zu bändigen.

»Es hat keinen Sinn, lass uns zu den Zwillingen gehen, bevor der Gang hier vollläuft«, bestimme ich und angle nach Mattis Hand.

»Okay, so eine Scheiße! Was hab ich mir nur dabei gedacht? Ich hätte auf dich hören sollen«, gibt er zu und folgt mir.

»Vielleicht …« Ich lächle schief und er weicht meinem Blick aus. Meine Hose saugt sich mit Wasser voll und ich spüre meine Füße kaum noch.

»Könnt ihr es abstellen?«, fragt Carlotta hoffnungsvoll, die Frekja hält.

»Leider nicht.« Matti steigt über Geröll, das sich an der Wand neben dem Eingang zum Gebeinetunnel türmt.

»Ich hab nur Seepferdchen«, fällt Lieselotta ein und ihre Schwester stimmt zu. »Wenn die Badewanne voll ist, brauchen wir einen Schwimmring.« Sie verziehen ihr Gesicht.

»Aurelie wird bald dort oben am Brunnen ankommen. Und dann wirft sie uns ein Seil oder so zu«, versucht Matti sie zu beruhigen und sucht meinen Blick. Ich lächle so aufmunternd ich kann.

»Wo kommt das ganze Wasser bloß her?«, fragt er sich.

Ich gehe zu Frekja, kraule sie beruhigend. Sie senkt den Kopf, bläst ihren Atem aufs Wasser.

»Es gibt eine Verbindung zum Noor«, vermute ich und denke an Nonni. Er war vielleicht ein hervorragender Schwimmer. Matti kann nicht schwimmen und Frekja …

Das Rauschen des Wassers nimmt zu, in der Mitte des Beckens schlägt es Blasen und viele Wirbel entstehen, wie bei einer Badewanne, bei der man den Stöpsel gelöst hat. Dann gurgelt es laut und das Wasser steigt schneller, nimmt den Boden Stück für Stück weiter ein.

»Los, wir klettern auch auf das Geröll«, scheucht Matti die Zwillinge auf.

»Wir teilen uns zusammen auf«, antworten die Mädchen und klettern gemeinsam mit ihren Teddys auf die andere Seite des Schuttberges, der etwa einen Meter von unserem entfernt ist. Wir können uns zum Trost die Hände reichen.

»Wie viel Zeit bleibt uns, bis wir absaufen?«, flüstere ich, während ich mit ihm einen rutschigen Felsblock erklimme. Frekja, die ich am langen Zügel halte, wagt es nicht, über die losen Steine zu steigen und bleibt stehen.

»Uns wird nichts geschehen.« Matti lächelt, meine Angst spiegelt sich in seinen Augen und ich setze mich, ziehe die Beine aus dem eisigen Wasser.

»Wenn ich das richtig abschätze, ist Aurelie jetzt im Camp. Sie ruft bestimmt gerade die Kavallerie. Feuerwehr, Krankenwagen, die Bundeswehr …« Seine Hand streichelt meinen Rücken tröstend auf und ab. Und wären wir nicht in einer so bescheidenen Situation, würde ich seine Nähe so was von genießen.

»Woher hast du so viel Optimismus?«, frage ich stattdessen und blinzle zu ihm hoch.

Ich wünschte, ich könnte das verdammte Wasser ausblenden und Frekjas unruhiges Treten mit den Hufen, neben dem Zupfen an ihren Zügeln, die locker in meiner Hand liegen.

»Nelly, wo wir gerade hier festhängen …«

»Ja?« Ich gucke ihm ins Gesicht. Das Licht des Feuers in der Rinne wird unruhig.

»Ich bin froh, dass dieser Nonni nur in Tagebüchern existiert.« Er grinst schief. »Und, wo es vielleicht die letzte Möglichkeit ist zu fragen, würdest du mal mit mir ausgehen?«

»Wirklich? Ich dachte, Aurelie und du … Sie ist so …«

»Nein«, ist seine schnelle Antwort. »Du bist etwas Besonderes für mich.« In seinem Blick liegen so viele Emotionen und ich halte ihnen kaum stand.

»Kannst du mir das noch mal sagen, wenn wir diese Nacht überlebt haben?«

»Ich bestehe darauf.« Er lächelt gequält.

Die Minuten vergehen, in denen Matti und ich probieren, aus losen Felsbrocken eine Erhöhung zwischen den Schuttbergen für Frekja zu bauen. Matti versucht mich von meiner Angst um mein Pferd abzulenken, indem er von sich erzählt. Von seinem Leben in der Stadt mit seinen Schwestern. Und von der Krankheit seiner Mutter, von der ich nichts ahnte. Sie kann schon seit Langem nicht mehr laufen und Matti übernimmt viele Arbeiten im Haushalt, was erklärt, warum er so selbstständig ist.

Das Gurgeln des Wassers begleitet jeden meiner wilden Gedanken und das Geflüster der Lottchens, die Pläne schmieden an den Brunnenschacht hinaufzuklettern, wenn das Wasser hoch genug steht. Ich weiß, dass das nicht klappen wird, aber lasse ihnen ihre Hoffnung.

»Was ist denn jetzt los?« Matti macht sich von mir frei und steht auf. Er hält sich an einem der Stalaktiten, die von der Decke hängen, fest und schaut hinab in das schwarze Wasser. Schaum bildet sich plötzlich und das Rauschen nimmt schlagartig zu. Es ist, als würden unterirdische Tore sich Stück um Stück öffnen, um einen reißenden Fluss zu erwecken, der immer schneller ansteigt. Frekja steht das Wasser auf Höhe des Sprunggelenks und schwappt ihr bald bis unter den Bauch, der Weg in den Knochentunnel zum unheilvollen Runenrad läuft immer weiter voll.

»Das darf doch nicht wahr sein!«, hauche ich entsetzt.

»Hilfe, Hilfe!«, brüllen die Zwillinge los. »Hört uns denn niemand?«

Matti und mein Blick verbinden sich unendlich lange Sekunden miteinander und meine Kehle schnürt sich zu. Sollte das hier das Ende sein? Würden wir hier sterben wie Nonnis

Vater? Oder würde es jemand von uns mit zerschmetterten Knochen hinausschaffen und am Ufer des Sees wiederauftauchen? Und was geschieht mit Frekja? Ich schlucke, kämpfe gegen die aufkommende Panik an.

Das Wasser wird so laut, dass meine Gedanken durcheinanderwirbeln, und dann nehme ich eine Stimme über uns wahr.

»Hallo, da unten. Hat jemand 'ne Pizza bestellt?« Ein Schatten schiebt sich vor die Brunnenöffnung. Es ist Aurelie. »Ich habe Olli mitgebracht, stellt euch vor, er ist ohne Sattel hinter mir hergeritten!«

»Gott sei Dank«, stoße ich aus und ein seltsames Lachen schüttelt mich. Ich falle Matti um den Hals und er drückt mich an sich.

»Gott hat damit nichts zu tun. Eher Marion, die wusste, dass dein dämlicher Rucksack ein Geheimfach hat, in dem du das Amulett versteckt hast«, lässt Aurelie mich wissen und beginnt den Eimer am Seil hinunterzulassen.

»Hallo, da unten«, ruft Olli, schaut zu uns herunter und winkt vergnügt. Der Gute, er hat den Ernst der Lage noch nicht gecheckt. »Das ist wirklich der beste Abenteuerurlaub, den ich je gemacht habe«, freut er sich.

»Das unterschreibe ich dir sofort«, mischt sich Aurelie ein. »Blakkur ist nur so über die Wiesen geflogen, sag ich dir. Als wüsste er, worauf es ankommt.« Sie plappert weiter und Matti streicht mir sanft eine feuchte Locke hinters Ohr.

»Unsere Chancen auf ein Date steigen«, flüstert er und mir wird warm ums Herz. Er könnte recht haben. Aber zuerst muss ich einen kühlen Kopf bewahren. Ich übergebe Frekjas Zügel an die Zwillinge.

»Ich sollte vielleicht doch mal Reiten lernen, falls ich noch einmal in die Verlegenheit kommen sollte, nur so die Heldin spielen zu können«, ruft Aurelie in den Brunnenschacht und lacht.

Der Eimer kommt näher, ich lehne mich nach vorne, strecke die Hand aus, darauf bedacht, nicht ins immer wilder tosende Wasser zu fallen. Matti legt seinen Arm um meine Mitte, hält mich fest.

»Wir könnten die Kleinen einen nach den anderen in den Eimer setzen«, überlegt Matti und ich rutsche auf dem nassen Untergrund fast aus. »Vielleicht kann Aurelie sie hochziehen?«

Meine Fingerspitzen erreichen das Holz des Eimers. Ich stupse ihn an, doch kann ihn nicht fassen. Beim nächsten Versuch verpasse ich ihm einen Schlag, der ihn wieder zu mir herschwenken lässt. Und plötzlich wird es dunkel. Das Wasser hat die Rinne mit dem Feuer erreicht und die Flammen größtenteils gelöscht. Nur unsere Taschenlampen, die die Zwillinge haben, leuchten noch und lassen Frekjas Schatten riesig erscheinen. Lichtkegel schwirren umher.

Die Mädchen kreischen panisch, als Frekja unruhig wird und ich verliere den Halt. Mattis Hand kann mich nicht halten. Ich falle, weiß schnell nicht mehr, wo oben und unten ist.

Wasser dringt in meinen Mund, alles ist schwarz und kalt. Meine Hand erwischt den Eimer, krallt sich daran fest, meine Beine strampeln wie verrückt. Ich durchstoße die Wasseroberfläche und huste. Ein Sog tief unten zerrt an mir. Die Lichtkegel der Taschenlampen rasen schneller umher, machen mich schwindelig.

»Nelly!« Matti kniet auf dem Felsen, reicht mir die Hand, er erwischt meinen Oberarm und stützt mich.

Mir wird klar, dass es nicht mehr lange dauert, bis die Höhle geflutet wird. Die Kinder müssen hier raus. Wir alle müssen hier raus!

Ich greife in den Eimer, an dem ich hänge. Mit einer schnellen Bewegung fische ich das Amulett heraus und lege es um meinen Hals. Ich habe keine Garantie, dass es funktioniert, wenn ich es im Runenrad einsetze. Wenn Nonni und sein Vater es damals auch hier unten hatten, hatte es vielleicht schon einmal versagt. Vielleicht hatten sie es aber auch nicht dabei.

»Gib mir die Kinder!«, schreie ich Matti an. Seine dunklen

Augen sind weit aufgerissen, voller Angst. Er reagiert, beugt sich zu dem anderen Schutthaufen und nimmt zunächst Frekjas Zügel. Sie rutscht auf den Felsblöcken, die wir für sie notdürftig geschichtet haben, und zerrt am Zügel, reißt uns beinahe auseinander. Das Wasser reicht ihr bis zur Brust, der Sog droht auch sie zu erfassen.

»Sie können über Frekjas Rücken zu mir und zum Eimer gelangen«, versuche ich zu Matti durchzudringen, der für einen Moment wie erstarrt wirkt.

Einer der Teddys der Mädchen schwimmt an mir vorbei, wird in die Tiefe gerissen.

»Tu es!«, befehle ich. Matti kommt wieder zu sich, reißt sich von mir los und manövriert Frekja zwischen sich und die Kinder. Sie klettern auf ihren Rücken, während Matti eine der beiden Taschenlampen in einer Felsspalte befestigt. Dann fordert er Frekja mit lautem Schnalzen auf, die Anhöhe zu verlassen und sich näher zu mir hin zu bewegen. Sie wiehert schrill, gehorcht und kämpft gegen den Strom an, der ihr bis zum Hals sprudelt.

»Hierher, mein Schatz«, bitte ich sie und sie vertraut mir ihr Leben an.

»Aurelie, du musst die Zwillinge hochziehen! Jetzt!«, schreie ich und blicke hinauf in den Schacht.

»Beide?« Meine Cousine und Olli sind nur ein Schatten vor einem lila Himmelsrund.

»Du bist verrückt! Wie soll das gehen?«

»Wir binden das Seil an Blakkurs Sattel und lassen ihn ziehen, er hat die Kraft«, hat Olli die zündende Idee und verschwindet.

Ich reiche Carlotta die Hand. Ihre Füße stehen sicher auf dem Pferdepo.

»Du musst springen«, sage ich und bekomme einen Schwall Wasser in den Mund. Carlotta schüttelt kaum merklich den Kopf, fixiert die tosende Flut, in der ich mich befinde.

»Vertrau mir!« Sie schließt die Augen, als ihre Schwester auf Frekjas Rücken nachrückt. Matti, der Frekja immer noch mit dem Zügel dirigiert, drängt sie beide vorwärts und dann hüpft Carlotta ins blasenschlagende Wasser. Ich erwische sie, ziehe sie zu mir. Ihre kleinen Hände klammern sich ans Seil, ihre Knie suchen Halt auf dem Rand des Eimers.

Ich helfe Lieselotta, sich ebenfalls an den Eimer zu hängen. Frekja rutscht, weicht vor dem Tosen zurück und wiehert schrill. Sie versucht erneut das steile Geröll zu erklimmen, auf dem Matti steht. Es versetzt mir einen Stich ins Herz, ihre wachsende Angst zu sehen.

Wieder geht ein Ruck durch das Seil und der Eimer füllt sich mit Wasser. Die beiden Mädchen kreischen. Carlottas Augen weiten sich, ihre Haare kleben nass in ihrem Gesichtchen.

»Festhalten und nicht nach unten sehen!«, beschwöre ich die Kinder und sie nicken stumm.

»Wir ziehen sie jetzt hoch!«, ruft Aurelie zu uns herunter und gibt Olli ein Handzeichen. Ich schicke ein Stoßgebet gen Himmel. Hoffentlich geht alles gut und die Zwillinge kommen oben an!

Und dann wird mir klar, dass es Zeit ist, selbst den Eimer loszulassen. Die Strömung zerrt mörderisch an mir und ich bekomme Angst, dass ich den halben Meter zu Mattis rettender Hand nicht überwinden kann. Er streckt sich. Hängt sich weit übers Wasser.

Ich strecke meine Hand nach ihm aus und im nächsten atemlosen Augenblick, als ich das Seil loslasse, schließen sich seine Finger um meine. Mit mehr Kraft, als ich ihm zugetraut habe, zieht er mich zu sich auf den Vorsprung hinauf.

»Geschafft«, haucht er und drückt mich an sich. Er bebt vor Anspannung und ich drücke mich in seine Umarmung. Wir blicken dem Eimer im Schacht nach, er dreht sich an dem Seil. Die Kinder jammern und heulen.

»Bitte lass es halten«, kommt es mir über die Lippen. Eines der beiden Pferde draußen wiehert und Frekja antwortet verzweifelt. Weit entfernt höre ich Sirenen und ich mache mich von Matti los. »Hörst du das?«

»Ja, die Feuerwehr. Sie werden uns rausholen«, ein erleichtertes Lächeln huscht über seine Züge und ein Krachen tief unter uns lässt mich aufschreien.

Frekja bäumt sich auf, versucht Halt zu finden. Ein Ruck geht durch Matti, der noch die Zügel hält. Er stürzt und verschwindet im Schwarz der Wellen.

»Matti!« Ich weiß nicht, was ich tun soll. Ich suche, aber kann nicht sehen, wo er wieder auftaucht. Ob er wieder auftaucht.

Frekja versucht erneut auf das Geröll zu kommen, findet Stand und Matti bricht durch die Wasseroberfläche.

Ich greife in Frekjas Mähne, hangle mich an ihr zu Matti hinüber und packe den Saum seiner Jacke. Er prustet, schlägt viel zu wild um sich, doch ich schaffe es, ihn zu mir heranzuziehen. Frekjas Augen rollen wild, aber sie hält ganz still.

»Ich finde, du schwimmst ganz wunderbar«, versuche ich ihn aus seiner Starre zu lösen. Er keucht, wischt sich Wasser aus den Haaren.

»Danke. Aber wir sollten zusehen, dass wir auch hier rauskommen.« Sein Blick fliegt zum Brunnenschacht. Die Zwillinge klettern aus dem Eimer, sie werden über die Brunnenbefestigung gehoben. Aurelie wirft den Eimer wieder hinab.

»Pack ihn dir«, sagt Matti und legt seinen Arm um meine Mitte. Das Spiel beginnt erneut, ich angle nach dem Seil und es klappt.

»Du zuerst«, fordere ich und Matti schüttelt den Kopf.

»Kommt nicht infrage, Ladys first«, sagt er bestimmt und manövriert mich vorwärts. Dabei verliert er Frekjas Zügel. Ich wehre mich, mein Blick saugt sich an meinem Pferd fest. Das Wasser hat Frekjas Widerristhöhe erreicht, kriecht über ihren Rücken. Der Tunnel zum Schatz ist fast geflutet. Dann würde nur noch der Sprung in den Brunnenteil bleiben, in dem der unterirdische Sog immer stärker wütet. Was passiert dann mit Frekja?

Mein Gedanke hängt für einen Wimpernschlag zitternd in der Luft und Frekja wird von den Beinen gerissen, als sich Steinbrocken unter ihren Hufen lösen.

»Nein!«, schreie ich und drücke mich an Matti vorbei. Es bleibt ihm nichts anderes, als das Seil zu übernehmen. Ich angle nach den Zügeln. Meine Stute strampelt, erwischt festen Grund, nur um wieder abzurutschen.

»Komm schon, du schaffst das«, flehe ich. Meine Stimme kippt ins Weinerliche.

Noch mehr Schutt kommt ins Rutschen. Matti bleibt nur ein Sprung in Richtung Eimer.

»Nelly, komm!«, fleht er und die Zeit verlangsamt sich. Er reicht mir die Hand, ich bereue, dass wir uns nicht nähergekommen sind. Dass wir erst jetzt offenbart haben, was wir empfinden. Eine der Taschenlampen löst sich, fällt ins Wasser und vergeht in der Tiefe wie ein glühender Stern.

Ich zerre an Frekjas Zügel, als könne ich sie wirklich festhalten. Sie schreit, dann geht sie unter. Wasser schlägt über ihrem Kopf zusammen und mein Herz bleibt einige Sekunden lang stehen.

»Frekja! Nein!« Der Hall meiner Stimme wird einfach verschluckt. Mattis Befehle, dass ich zu ihm kommen soll, gehen im tosenden Wasser unter und als meine Stute wieder durch die Wasseroberfläche bricht, treffe ich eine Entscheidung.

Mit tauben Fingern angle ich mir das Amulett vom Hals und schnappe mir die letzte Taschenlampe. Ich klettere hinüber zum Tunnel.

»Nein, tu das nicht! Bitte. Nelly!«, höre ich Matti und ich blicke einige Herzschläge lang in sein schmerzverzerrtes Gesicht. »Das ist eine Todesfalle, bitte tu das nicht!«

»Es ist die einzige Chance, dass Frekja überlebt«, antworte ich und hangle mich an den Pferdetotenköpfen entlang. Ich kann sie nicht hier sterben lassen. Sie war mir in diese verdammte Hölle gefolgt, für mich hatte sie sich in Gefahr gebracht.

Das Wasser hier ist ruhiger, steht mir aber schon bis zum Hals, schon bald muss ich schwimmen. Ich taste mich voran, ziehe mich an der knöchernen Wandverzierung entlang, die Taschenlampe zwischen den Zähnen. Ich blicke ein letztes Mal über die Schulter. Das Licht des anbrechenden Tages, das durch den Schacht fällt, lässt den Schaum auf dem Wasser unwirklich schimmern. Frekja versucht mir zu folgen, schafft es aber nicht, gegen den Sog des Wassers anzukommen. Der Gang kommt mir unendlich lang und dunkel vor.

Doch endlich erreiche ich die unheilvolle Wand. Das mystische Rad ist unter Wasser, ich muss mich strecken, um überhaupt noch atmen zu können. Frekjas Wiehern verstummt zu plötzlich. Ein Stich fährt mir in die Brust. Die Fluten müssen sie mitgezogen haben. Sie ertrinkt! Ich fülle meine Lunge mit Luft, tauche hinab, das Amulett fest in der Hand. Zielsicher setze ich es ein, drücke und drehe gleichzeitig. Es ist unsagbar schwer. Ein Verzweiflungsschrei löst sich aus meiner Kehle. Blasen steigen auf. Meine Hand durchzuckt ein schriller Schmerz, doch dann … bewegt sich das gesamte Rad!

Ein Grollen lässt die Höhle beben. Ich wage es nicht, den

Mechanismus loszulassen. Die Luftnot beginnt in meinen Lungen zu brennen. So fühlt sich also sterben an?

Eine Kraft packt mich. Mit Wucht werde ich gegen die Wand geschmissen und schwebe daraufhin einen Moment schwerelos im Wasser. Meine Finger lösen sich widerwillig vom Amulett, und dann erfasst mich ein Wirbel. Das Wasser wird in alle Richtungen abgesaugt. Ich weiß nicht, wo oben und unten ist. Knöcherne Finger reißen an meinen Kleidern, halten mich fest, geben mich frei. Ich schaffe es, die Wasseroberfläche zu durchbrechen, schnappe nach Luft. Dann trifft etwas meinen Kopf.

Als ich wieder klar sehen kann, schält sich eine Gestalt aus dem Tunneleingang. Sie ist groß, hat etwas Kriegerhaftes an sich und ich denke an Erik den Roten und seine Feuerpferde. Doch es ist Matti, der vor mir auf die Knie sinkt.

»Du hast es geschafft«, haucht er und legt seine Hände an meine Wangen.

»Frekja?«, ist mein nächster träger Gedanke und ich komme auf die Beine. Matti stützt mich, legt seinen Arm um meine Hüfte und wir eilen zurück in die Tropfsteinhöhle.

»Es geht ihr gut«, beruhigt Matti mich und küsst meine Stirn. Bläuliches Licht wird in Intervallen zu uns hinabgeschickt, es tanzt über unsere klatschnassen Körper. Die

Mauer, die uns eingesperrt hatte, ist fort. Frekja schüttelt sich und kommt auf uns zu. Sie lahmt etwas und ich stürze zu ihr. Schlinge die Arme um sie.

»Gott sei Dank, du lebst!« Ich schaue mich zu Matti um. »Wir leben.«

Jemand beugt sich über den Brunnenring, leuchtet zu uns hinunter.

»Meine Cousine und ihr Freund sind noch da unten«, höre ich Aurelie aufgeregt sagen. »Zut alors, verdammt, Sie müssen sie da rausholen, sofort!«, kommt sie so richtig in Fahrt. »Sind sie eigentlich zu was fähig, Monsieur?«

»Hallo? Alles in Ordnung? Wir sind jetzt da!«, ruft ein Mann zu uns hinunter und gibt daraufhin Anweisungen an sein Team, um uns zu befreien.

»Ja, wir sind hier! Der Gang ist wieder frei!«, antworte ich. Meine Stimme gerät schwach, denn Matti schaut mich so intensiv wie noch nie an. Langsam beugt er sich zu mir, seine Augen schließen sich. Seine Hände halten mein Gesicht, ganz sanft und doch bestimmt. Ich spüre seinen Atem auf meinen Lippen. Und dann geschieht es: Er küsst mich.

Meine Hände vergraben sich in den nassen Locken in seinem Nacken und meine Lippen prickeln wie verrückt. Ein Wahnsinnsgefühl! Aber das ist nichts gegen die Schmetterlinge in meinem Bauch, die ungestüm umherschwirren und mich innerlich zittern lassen.

Nur widerwillig löse ich mich von ihm. Doch als der Boden erneut beginnt zu zittern und ein Grollen aus dem Knochengang ertönt, kann ich nicht anders. Matti lässt mich nicht los, legt schützend seine Arme um mich und wir starren mit weit aufgerissenen Augen auf das Geschehen.

»Alles okay da unten? Nelly?«, ruft Aurelie alarmiert.

Frekja spitzt die Ohren, überlegt, ob es nun endlich Zeit ist durch den wieder geöffneten Tunnel in Richtung Freiheit zu flüchten. Doch sie ist genauso neugierig wie ich.

Licht dringt zu uns, wird immer heller, blendet uns für Millisekunden und für einen kurzen Moment habe ich Angst, dass uns eine neue Gefahr droht.

»Wahnsinn!«, haucht Matti und lacht. Er drückt mich fester an sich, nur um mich daraufhin loszulassen. »Die Grabkammer hat sich geöffnet!« Ich wanke, komme auf die Beine und folge Matti auf das Leuchten zu.

Beiläufig hebe ich zwei klatschnasse Teddybären auf.

Vor Matti und mir tut sich eine unglaubliche Grabkammer auf, die von einem Feuerfluss an den Wänden erleuchtet wird. Überall stehen halb verrottete Kisten, aus denen Silbermünzen und mit Perlen und Edelsteinen verzierte Hals und Armreife quellen, wie wir sie im Museum bestaunen durften. Vieles ist mit Drachenköpfen und Thors Hammer verziert. Ein steinerner Sarg steht in der Mitte, Runen zieren ihn und ein Pferdeskelett ruht neben ihm. Überreste von Zaumzeug und Sattel sind zu erkennen. Das muss Funi sein, Eriks Pferd. Eine Gänsehaut läuft mir über den Nacken. »Unfassbar, dafür ist Nonnis Vater gestorben und mit ihm die Hoffnung, hier sesshaft zu werden«, hauche ich. Und wir wären gerade ebenfalls beinahe gestorben. Ich kann es nicht fassen, wie knapp das war.

»Das ist ein Vermögen, Nelly. Damit kannst du den Hof deiner Oma retten«, sagt Matti sanft und gräbt seine Hände in die tausend Münzen. Sie klimpern und glitzern. Ein auffälliges Schmuckstück, eine feingearbeitete Ringfibel mit Tierköpfen, liegt obenauf. Und in einer weiteren Kiste liegen ganze Silberbarren, ich angle nach einer Kette mit keltischen Zeichen und betrachte sie.

»So wunderschön«, hauche ich und weiß nicht, ob ich lachen oder weinen soll. Ich bin müde und überglücklich.

Als wir mit der humpelnden Frekja endlich im Wikingerdorf beim Brunnen ankommen, beginnen die Vögel, ihr morgendliches Lied zu singen. Es ist ganz schön was los auf dem Platz. Der Museumsleiter steht unweit des Fischerhauses, sieht ziemlich aufgewühlt aus und spricht mit einem Polizisten.

Die Zwillinge sitzen in Decken gehüllt in einem Krankenwagen und erzählen alles haarklein. Aurelie eilt sofort mit einer Decke für Frekja auf uns zu und hilft mir, das frierende Pferd einzupacken. Oma kommt auf mich zugelaufen, ihre lila Haare haben sich aus ihrer Flechtfrisur gelöst und stehen wild ab. Ich drücke sie.

»Oma, Frekja ist verletzt«, sorge ich mich. Oma geht in die Knie, schaut sich alles in Ruhe an und gibt Entwarnung. »Das sieht nicht weiter schlimm aus. Hauptsache, ihr seid am Leben!«

»Und wir haben die Lösung für all unsere Probleme, Oma«, flüstere ich zufrieden.

»Kind, du bringst mich noch ins Grab«, sagt sie und entwirrt meine Locken. Wenn Nonni das alles wüsste. Würde er sich für uns freuen? Würde es ihm Frieden schenken, zu wissen, was damals geschah?

»Hören Sie mir bloß auf mit Gräbern, Frau Bruns«, knurrt Matti, der aus irgendeinem Grund unter meinen Arm greift. Mir wird schwindelig und ehe ich mich's versehe, franst die Welt um mich herum aus. Die Lichter der Rettungswagen verschwimmen, mein Kopf dröhnt, all die Stimmen verzerren sich und ich beginne zu fallen. Dunkelheit verschluckt mich.

# Gefallene Königreiche

Ich öffne die Augen. Zuerst ist da nur das dumpfe Dröhnen in meinem Kopf, als würde Thor höchstpersönlich mich mit seinem Hammer verdreschen, und dann nehme ich helle Bettwäsche wahr. Ich atme ruhig, ein gleichmäßiges Piepsen dringt an mein Ohr. Schnell mache ich einen Systemcheck, wackle mit den Zehen, blinzle und lege mich auf die Seite. Eine Nadel steckt in meinem Arm, durch die eine Flüssigkeit aus einem Tropf fließt. Verdammte Axt, wo bin ich?

Und dann bemerke ich zwei Augenpaare, die mich unverwandt angucken.

»Hallo«, krächze ich.

»Wir haben dich beobachtet«, antworten die Lottchens, während sie so neben meinem Krankenbett stehen und nichts tun.

»Okay, das ist gar nicht gruselig«, antworte ich mit belegter Stimme und versuche mich aufzurichten. Meine Kehle ist staubtrocken. Eigentlich komisch, wenn man an das ganze Wasser in der Vergangenheit denkt.

»Da ist ein Knopf, den kannst du drücken …«, beginnen die beiden einen Satz. Ich weiß nicht, warum, aber ich flippe fast aus.

»Nein, nicht. Bloß nicht drücken …« Die Ereignisse in der Höhle wirbeln durcheinander. Nur Bruchstücke davon drängen auf mich ein und der Apparat neben mir piepst schneller. Ich sinke zurück in die Kissen.

»Den darf man aber drücken, dann kommt eine Krankenschwester«, beruhigt mich Carlotta und grinst schief.

»Oh.« Zu mehr komme ich nicht, da hält sie mir einen Becher mit Strohhalm unter die Nase. Ich trinke in kleinen vorsichtigen Schlucken, auch wenn ich am Verdursten bin.

»Was ist denn passiert?«, frage ich. Ich kann mich nicht erinnern, hierhergebracht worden zu sein. Mir fällt jetzt erst auf, dass die beiden Mädchen auch Krankenhauskleider tragen und mir gegenüber zwei zerwühlte Betten stehen, auf deren Kissen die frisch gesäuberten Teddys der Mädchen liegen.

»Du hast geschlafen«, sagt Lieselotta gedehnt.

»Lange, sehr lange geschlafen«, fügt Carlotta nickend hinzu. Ihre Haare sind geflochten, auf Aurelies unverkennbare Art.

»Wie geht es Frekja?« Was war mit ihrem Bein?

»Super, sie ist zu Hause«, berichtet Carlotta.

»Wo ist Matti?«, muss ich wissen und ich habe plötzlich Angst um ihn. Die Erinnerungen setzen sich viel zu langsam zusammen und ich ahne, wie sich Nonni gefühlt haben muss, als er nicht mehr wusste, was geschehen war.

Carlotta verzieht auf eine Weise ihr Gesicht, die mich aufwühlt. »Ich fürchte, der ist infiziert«, sagt sie ganz langsam, als wäre ich ein Kind und würde sonst nicht verstehen.

»Mit was?« Ich richte mich zu schnell in den Kissen auf, sodass mir übel wird. Gott, alles dreht sich.

»Na, mit Liebe. Der glotzt dich die ganze Zeit an, wenn er hier ist. Wie ein Trottel«, sagt Carlotta.

»Ja, wie ein großer Trottel.«

»Und als er auf Klo musste, hat er uns gezwungen, seinen Platz einzunehmen und dich nicht aus den Augen zu lassen. Jetzt glotzen wir wie Trottel.« Carlotta grinst.

»Aurelie sagt, das machen nur Verliebte«, wirft ihre Schwester ein. »Wie Trottel gucken.«

»Stimmt, sie hat das ja auch schon durchgemacht«, überlegt Carlotta und ich möchte ihnen den Mund mit Wasabinüssen stopfen.

Ich stöhne, taste nach einer schmerzenden Stelle an meiner Stirn. Ich scheine eine ordentliche Beule zu haben und denke über Liebeskummer nach. Meine Mutter sagte einmal, brechende Herzen schmerzen am meisten, da ist ein Beinbruch nichts gegen. Das macht mir ja Mut.

»Also war Aurelie auch in Matti verliebt?«, flüstere ich benommen und fühle mich schlagartig noch schlechter.

»Quatsch. Aurelie hat doch eine Freundin, für die sie sogar gelogen hat«, beeilt sich Carlotta meinen Irrtum aufzuklären.

»Ja, die hatte was geklaut und wurde fast erwischt, da hat Aurelie die Schuld auf sich genommen, damit ihre Knutschfreundin nicht in den Jugendknast muss. Die klaut wohl wie ein Rabe«, gibt Carlotta ihr Insiderwissen weiter, zuckt die Achseln. Mein Mund klappt auf und wieder zu, ohne dass ein Laut mir über die Lippen dringt.

»Elster, wie eine Elster klaut die«, berichtigt sie die andere und kommt näher zu mir heran. »Soll ich dir dein Kissen aufschütteln? Du siehst aus, als wäre dir was unbequem.«

Und ob.

»Woher wisst ihr das alles?« Ich kann mir nicht vorstellen, dass meine Cousine so redselig war.

»Wir haben es gehört, als sie es Matti erzählt hat«, gibt Carlotta zu und ich bin mehr als baff. Von der Neuigkeit, dass Aurelie auf Mädchen steht genauso wie von der Tatsache, dass diese Teufel alles und jeden zu belauschen scheinen. Carlotta macht eine Pause und beginnt dann weiterzureden. »Nun ja, jedenfalls hat Matti gesagt, wir hätten was gutzumachen. Und es würde uns leidtun, wenn wir uns nicht um dich kümmern, wenn er mal kurz weg ist.«

»Sehr leidtun«, fügt Lieselotta bedauernd hinzu.

Ich mustere die beiden. »Weshalb müsst ihr beide eigentlich im Krankenhaus bleiben?« Ich war eine Weile ohnmächtig, wie mir scheint, aber die Zwillinge?

»Wir waren eisgekühlt«, antworten sie und turnen am Fußende des Bettes herum, sodass ich drohe ernsthaft seekrank zu werden.

»Ihr meint, eine Unterkühlung?«

»Genau und wir waren schockiert. Davon kann man sterben.«

Was sie nicht sagen. Ich blinzle, die Tür schwingt auf und Matti kommt mit meiner Oma herein. Mein Herz hüpft.

»Nelly, wie geht es dir?« Matti ist schneller bei mir und Oma stellt eine Vase mit meinen Lieblingsblumen, rosa Wildrosen mit Kamille auf den Beistelltisch.

»Mir geht es gut, ich hab nur Kopfweh.« Mir fällt auf, dass Mattis rechte Gesichtshälfte verschrammt ist, er muss fürchterlich über Stein geschrammt sein und ich strecke unwillkürlich meine Hand nach ihm aus.

»Ich bin so froh, dass du wieder wach bist«, haucht er.

Ich lächle, als er sich neben mich auf das Bett setzt.

Das Piepsen der Apparatur wird verräterisch schnell.

»Was ist mit dem Schatz?«, will ich von Oma wissen. »Kannst du den Hof damit retten?«

Sie atmet einmal tief ein und wieder aus. »Nelly, das ist jetzt nicht wichtig. Was zählt, ist, dass du wieder gesund wirst.« Ihre Hand legt sich auf meine Wange und ich verstehe nicht ganz. Matti weicht meinem fragenden Blick aus.

»Was ist hier los? Er gehört doch uns?« Ich muss husten, Oma reicht mir den Becher Wasser, den ich leere. Mein Hals kratzt wie bescheuert.

»Oje, wer sagt es ihr denn jetzt?«, höre ich Carlotta flüstern und ich verspanne mich noch mehr.

»Immer der, der fragt«, meint Lieselotta und sie tauschen mitleidige Blicke.

»Wir haben ihn gefunden. Er gehört den Zwillingen, Matti, Aurelie und mir. Und mit meinem Teil will ich den Hof retten«, überschlagen sich meine Worte. »Es war viel da unten. So viel Silber und Edelsteine, von dem archäologischen Wert ganz zu schweigen!« Verdammt, wir wären dafür fast draufgegangen!

Omas Mund verzieht sich zu einem Strich. »Es gibt ein Gesetz, das gefundene Schätze dem Staat als neuen Eigentümer zufallen lässt«, sagt meine Oma.

»Also gehen wir leer aus? Wir sind umsonst fast abgekratzt?«

Ich schlucke gegen Tränen, entziehe Matti meine Hand, der versucht, mich zu beruhigen.

»Nelly, reg dich nicht so auf«, bittet er mich eindringlich.

»Ich soll mich nicht … was? Was sagt eigentlich Aurelie dazu?«, will ich wissen. »Weiß sie davon? Wenn ihr nicht bereit seid, für unseren Anteil am Schatz zu kämpfen, wird sie es mit mir gemeinsam tun«, bin ich mir sicher. Ich atme flach, mein Brustkorb ist verdammt eng.

»Himmel, Barsch und Zwirn. Aurelie wird nichts dergleichen tun«, schneidet Oma mir das Wort ab und schnalzt missbilligend mit der Zunge. Die Zwillinge gucken sich an. »Was hat denn der Fisch schon wieder damit zu tun?«

»Kennst du Aurelie? Sie hat Mut«, stelle ich klar. Wieso habe ich nie erkannt, wer sie wirklich ist?

Ich richte mich auf, will aus dem Bett, die Zwillinge tauschen vielsagende Blicke. »Jetzt ist sie verrückt geworden«, hauchen sie und erst, als ich Omas Verzweiflung spüre, sammle ich mich wieder und entscheide, dass ich eines nach dem anderen angehen muss. Zuerst muss ich wieder fit und aus dem

Krankenhaus entlassen werden. Ich fühle mich tatsächlich unglaublich kraftlos. Und dann muss mir etwas einfallen, damit wir zu unserem Schatz kommen.

Oma greift meine Hand, die reglos auf der weißen Bettdecke liegt.

»Mäuschen, manchmal muss man Veränderungen akzeptieren«, sagt sie und guckt mich ernst an. »Wenn es Zeit ist, den Hof abzugeben, dann soll es so sein. Ich bin nicht mehr die Jüngste und wer weiß, wie lange ich der Aufgabe noch gewachsen bin …«

»Aber die Pferde sind dein Leben«, flüstere ich. Matti seufzt und sieht trauriger aus, als selbst ich mich fühle.

»Und Frekja?«

»Die wirst du behalten, dafür sorge ich. Frekja und du, ihr seid füreinander bestimmt«, beeilt sich Oma zu sagen.

»Und die anderen?«

»Wir werden sehen«, sagt sie und ich spüre, wie unsere beiden Herzen zu brechen drohen.

18. April

Der Abschied rückt näher, unsere Koffer sind gepackt, die Möbel im Haus allesamt mit weißen Laken geschützt und ich fühle mich, als würde man mir brennende Flüssigkeit unter meine Haut spritzen. Vorhin spielte meine kleine Schwester unentwegt Flöte und das peitschte mich so auf, dass ich meinen schwersten Gang antrat. Hinüber zur Weide, auf der mein Nykur mit seiner kleinen Herde weidete.

In den letzten Nächten träumte ich ständig von meinen Ausritten mit ihm über den schwarzen Strand Islands. Ich spürte sogar den kalten Wind im Gesicht, wenn wir dahinflogen und so frei waren, wie wir es nie wieder zusammen sein werden. Und auf diese Erinnerungen folgten jedes Mal andere. Flashbacks oder Fetzen der vergessenen Tage. Oder vielleicht versuchte auch nur mein Geist verzweifelt eine Geschichte zusammenzusetzen, die so nie stattgefunden hatte.

In diesen Erinnerungen sah ich ins Gesicht meines Vaters. Sein Blick war voller Bedauern und Schrecken, während sich Wasser in einer unterirdischen Höhle sammelte, in der wir gefangen waren. Immer wieder hörte ich ein donnerndes Lachen, während wir wussten, dass wir sterben würden. War es Erik der Rote, der uns auslachte? Nie war jemand für grausamer gehalten worden als der König über Knochen und Feuerpferde.

Jedes Mal, wenn diese Eindrücke mich heimsuchen, muss ich mich anstrengen ruhig zu bleiben.

Nykur vertreibt die Enge in meiner Brust besser, als die Tabletten vom Arzt.

Der meinte, ich würde isländische Legenden in die Lücken meiner Erinnerungen fügen, um der Lösung des unlösbaren Rätsels näher zu kommen.
Hat er recht? Dachte ich deshalb so viel an die sagenumwobene Schlucht auf Island? An die Elfenhauptstadt, in der es den Eingang zur Unterwelt geben soll? Der menschliche Geist ist so zerbrechlich wie Glas, heißt es. Und er schützt sich auf seine eigene Weise, sagt man.
Als ich mich von Nykur endgültig verabschiedete, stand er ganz still. Seine Nase berührte mein Gesicht, dann meinen Rücken und er suchte nach Leckereien in meiner Jackentasche.
In der Ferne hörte ich bereits den Wagen, der uns zum Flughafen bringen sollte. Der neue Besitzer des Hofes, ein wirklich netter Mann, der die Liebe zu unseren Pferden teilt, wird uns fahren. Doch ich bin immer noch nicht bereit, auch wenn ich weiß, dass alles in guten Händen verbleibt.
Irgendwann riss ich mich aber doch von Nykur los und ging zurück. Meine Mutter und meine Schwester nahmen den Mann auf dem wunderschönen Hof in Empfang, hießen ihn willkommen und gingen gemeinsam mit ihm ins Haus, um alles zu klären, was es noch zu klären gab. Ich kletterte über den Zaun, ließ meinen Hengst allein. Nykur wieherte. Ich brachte es nicht mehr fertig, mich nach ihm umzusehen.

Das Amulett meines Vaters soll hierbleiben, mit meinen ganzen verwirrten Gedanken und zerfetzten Erinnerungen. Island muss ein Neuanfang für mich werden, sonst werde ich selbst irgendwann in Tausende Splitter zerfallen. Und ich will leben.

# Das Ende eines Sommers

Ende gut, alles gut? Nö, eher nicht.

Das Zeltlager wurde kurz nach meiner Entlassung aus dem Krankenhaus aufgelöst. Überall um das Gelände der ehemaligen Wikingerstadt waren Baufahrzeuge und Teams mit Archäologen unterwegs und bargen unseren Schatz. Ich hätte kotzen können vor Glück.

Und bald darauf wurden auch schon alle Gäste von ihren Eltern abgeholt, weil wir mit einem von Aurelie angezettelten Aufstand und von Matti geschossenen Fotos zur dramatischen Untermalung, die wir überall verteilten, um auf die Ungerechtigkeit aufmerksam zu machen, übers Ziel hinausschossen.

Okay, vielleicht hätten wir uns auf den Fotos nicht als zu Tode gekommene Schatzsucher präsentieren sollen. Und möglicherweise war die Headline des Umzuges zur Ausgrabungsstätte *Unser Blut für euren Reichtum* nicht optimal gewählt. Denn plötzlich verbreitete die Presse, wie gefährlich

Zeltlager und Wanderausritte für Jugendliche sind und dass sich die Frage stellt, ob so was erlaubt sein sollte.

Sogar Matti musste nach Hause.

Ein Lichtstreif am Horizont zeigte sich allerdings eine weitere Woche später, als wir fünf, die in die Grabkammer Eriks des Roten gestolpert waren, schließlich doch einen Finderlohn zugesprochen bekamen. Leider war er so klein, dass meiner allein nicht ausreichen würde, um Omas Hof zu retten. Deshalb bearbeiteten mich meine Eltern, die nach diesem etwas gefährlichen Zwischenfall früher aus dem Urlaub zurückgekommen waren, auch, damit ich mit dem Geld etwas, wie sie es nannten, »Sinnvolles« anstelle. Es für meine Zukunft anlege oder so. Zukunft? Welche Zukunft ohne meine Lieblingsferienort?

»Mon Dieu, wehe du lässt los«, warnt meine Cousine und holt mich wieder zurück ins Hier und Jetzt auf Omas Reitplatz. Ich ziehe an den Zügeln, stelle mich neben das Kutschpferd Sindri, die ausnahmsweise gesattelt und aufgetrenst vor mir steht und nervös von einem aufs andere Bein tritt. Sie ahnt Böses und ich auch. Nicht umsonst trägt sie den Namen »Die Funkensprühende«.

»Wenn Oma das wüsste, die würde uns ohrfeigen«, brumme ich einmal mehr vor mich hin und bereue es, mich zu dieser Aktion breitschlagen lassen zu haben. »Warum ausgerechnet Sindri?« Die Stute zuckt, tänzelt nervös und schnappt nach meiner Hand. Verdammt!

»Weil sie meine Bananen isst«, antwortet Aurelie nervös. »Wir sind befreundet, wir haben einen Draht zueinander«, redet sie sich selbst gut zu. Und ich fürchte, meine Cousine hat den Ponyfunk immer noch nicht ganz verstanden. Die Körpersprache und Signale, die Pferde so senden, wenn sie mit etwas nicht einverstanden sind. Aurelie kapiert das wahrscheinlich nie …

»Mag ja sein, aber du könntest doch erst mal auf Frekja reiten lernen oder auf Grani, Odin oder Tinna. Und wenn du weißt, wie man oben bleibt, kannst du Rodeo reiten lernen.« Auf Sindri dann.

»Sehr witzig, Nelly. Immerhin bin ich schon wie eine Irre mit Blakkur im Mondschein umhergerast. Alors, dann kann ich auch das hier machen.«

Sie sieht mich vorwurfsvoll an und ich muss mir diese Unmöglichkeit erneut vorstellen, wie sie im fliegenden Galopp mit dem schwarzen Wallach über die Wiese hetzte, um uns zu retten. Wie sie sich unter Zweigen duckte und sich verzweifelt an der Mähne festkrallte, als Blakkur entschied, sogar über einen winzigen Graben zu springen, der laut Aurelies Aussage ihr den Kopf hätte kosten können. Wäre sie nicht so ein Naturtalent beim Reiten.

Sie schließt die Schnalle des Reithelms und überprüft den Sitz. »Das sollte das Wichtigste schützen, meinen überragenden Verstand«, meint sie. »Lisa flippt nämlich aus, wenn ich mir den Schädel demoliere und als sabberndes Ungetüm mein Dasein fristen muss, weil das Hirn Matsch ist.« Sie reckt mir den Daumen entgegen.

»Wie lange bist du eigentlich schon mit deiner Lisa zusammen?«, frage ich vorsichtig und bringe Sindri erneut in Stellung. Die Schimmelstute schnaubt laut.

»Übermorgen ist es ein Jahr.« Aurelie grinst breit.

»Und wie fühlt man sich, wenn man ein Mädchen …«, ich verstumme, suche nach der richtigen Formulierung. »Ich meine, wie ist das …«

»Genauso, wie du dich fühlst, wenn Matti in der Nähe ist, Nelly.« Sie legt den Kopf schief, lächelt sanft und ich werde rot, als ich an Matti denke. Mein Herz schlägt augenblicklich einen Takt schneller. Ich denke an Mattis ersten Kuss dort unten in der Höhle. Und an die folgenden und den letzten, den ich immer noch auf meinen Lippen spüren kann. Leider wurde der viel zu schnell unterbrochen, weil ich Virginie noch ihren Wunsch erfüllen musste, den sie nach der Brandverletzung noch frei hatte. Nämlich direkt bei ihrem Pferd Tinna im Strohstall zu übernachten. Mit mir zusammen natürlich.

»Na gut, jetzt wisch dir mal dein dümmliches Grinsen aus dem Gesicht und hilf mir hoch«, fordert Aurelie verschmitzt und wir sind uns so unglaublich nah, wie damals als Kinder.

»Jetzt mal was anderes: Wurde eigentlich bestätigt, dass die Leiche in der Höhle die von Nonnis Vater ist?« Ich schnappe mir ihr Bein und schwinge sie auf Sindris Rücken.

»Ja, durch einen Genabgleich. Soweit ich weiß, sind die Kinder von Nonni auf Island sogar informiert worden.«

Ob Nonni mit ihnen über das Verschwinden seines Vaters überhaupt gesprochen hatte? Er selbst war schon eine Weile verstorben.

»Das war bestimmt eine seltsame Überraschung«, überlegt Aurelie. »Und alles nur, weil eine Explosion einen verborgenen Eingang zu einer Grabkammer freigelegt hat und eine Horde Teenager sich dort hineinverirrt haben.«

Tatsächlich hatten die Untersuchungen der Polizei ergeben, dass die Sprengung der Weltkriegsbombe den Eingang zur Höhle versehentlich geöffnet und die Trennwand zum Brunnenschacht zum Einsturz gebracht hatte. Ansonsten wäre der Schatz wohl für immer verborgen geblieben und der wahre Verbleib von Nonnis Vater wäre nie aufgedeckt worden.

Die Stute weicht aus, wiehert unsicher und ich versuche sie zu beruhigen. Für einen Moment denke ich sogar, dass alles ab hier schiefgeht, da legt Aurelie die Hand an den Hals der Stute und beginnt zu flüstern. »Es ist okay, ich bin es nur.«

Sindri hält inne, lauscht nach hinten, steht still. »Ich bin es nur«, wiederholt sie und das Feuerpferd dreht den Kopf, um verstehen zu können, wer dort auf ihrem Rücken hockt. Ihre Nase findet immerhin Aurelies Stiefel, sie schnuppert daran und entspannt sich etwas.

»Wow, ich hätte eher damit gerechnet, dass sie mich versucht, durch den Dreck zu ziehen und dich abwirft«, gestehe ich. Aurelie richtet sich auf, macht sich gerade und schnalzt mit der Zunge. Sindri setzt sich in Bewegung und ich, die Zügel in der Hand, mit ihr.

Das Ohrenspiel der Stute ist aufmerksam, wechselt immer wieder nach vorne und nach hinten. Aurelie streichelt ihren Hals weiter und bekommt ihr glückliches Grinsen nicht mehr aus dem Gesicht. Wir umrunden den Sandplatz, spazieren eine ganze Weile gemütlich, bis die Stute beschwingt und selbstverständlich geht, als hätte sie nie etwas anderes getan.

»Es tut mir leid, dass wir uns aus den Augen verloren haben«, bringe ich es irgendwann endlich über die Lippen und schaue mich zu Aurelie um. »Ich hätte mich mehr bemühen können.«

Sie erwidert meinen Blick lange, ohne etwas zu antworten.

»Ich hätte wissen müssen, wie schlecht es dir ging«, sage ich und stelle mir vor, wie es sein würde, wenn meinen Eltern etwas geschieht. Wenn einer von ihnen plötzlich einfach nicht mehr da wäre. Dort unten in der Höhle, als das Wasser stieg, wurde mir so vieles klar. Wie wertvoll die Menschen an unserer Seite sind. Wie schnell alles sich ändern kann, jederzeit.

»Du warst selbst noch ein Kind, Nelly. Es war fies von mir, dir einen Vorwurf zu machen.« Aurelie blickt in die Ferne, hinüber zur Wiese, die wir allesamt für unsere Werbeaktion überquert hatten. »Und wenn ich ehrlich bin, war ich vielleicht einfach nur sauer auf dich, weil du alles hast.«

Ich schlucke, schaue zu Boden. »Mein Leben ist nicht perfekt, Aurelie.«

Sie lacht auf. »Doch, sicher ist es das.«

»Ich habe meine Eltern, ein sicheres Zuhause, das stimmt. Aber ich habe nicht viele Freunde und in der Schule hält man mich für langweilig«, gebe ich zögerlich zu.

»Merde, wer sagt denn so was?« Aurelie stößt einen zornigen Laut aus. »Idioten gibt es überall, wie mir scheint.«

Sie atmet tief durch. »Was ich meine, ist, du hast eine super Basis. Und was du daraus machst, hängt von dir ab. Und langweilig bist du keineswegs, das kann ich dir versichern. Du kannst ganz schön nerven.«

»Oh, danke für das Kompliment.« Ich rolle mit den Augen, auch wenn ich verstehe, was sie mir damit sagen will. Und dass sie nicht ganz unrecht hat.

»Gern geschehen. Und jetzt lass mich mal reiten«, fordert sie im nächsten Moment und will die Zügel übernehmen.

»Das kann ich nur zurückgeben. Du nervst gewaltig, wir sind hier nicht bei Bibi und Tina. Wenn Sindri durchgeht und du dir was brichst, kann ich deine Knochen nicht heile hexen«, beschwere ich mich, doch wie schon immer setzt sich meine Cousine einfach durch. Die Schimmelstute hebt den Kopf, während Aurelie einfach antrabt. Ich taumle und schon bald fällt Sindri in einen langsamen Galopp. Ich schnappe nach Luft, bleibe reglos stehen und versinke in dem Anblick, der sich mir bietet. Aurelie lenkt das weiße Pferd in die Kurve und beginnt zu lächeln. Sindri sieht so frei aus, sie schwebt beinahe. Wind fährt durch Aurelies schwarze Haare, die Sonne zaubert ein Flimmern um sie beide herum und ich muss unweigerlich an Island und ihre Elfensagen denken.

Aurelie und diese Stute bilden eine Einheit und sehen so wunderschön zusammen aus, dass es mir den Atem raubt.

Was mich wenige Herzschläge später noch einmal nach Luft schnappen lässt, ist die Erkenntnis, dass plötzlich drei Gestalten den Sandweg entlangkommen und auf uns zuhalten. Matti und die beiden Lottchens! Was für eine Überraschung!

»Hey, Nelly!«, ruft Matti, winkt mir zu und nichts hält mich. Ich renne los, direkt in seine Arme. Er schwenkt mich herum und stellt mich wieder auf die Füße, direkt neben die Zwillinge, die kleine Dutts wie Teufelshörner auf dem Kopf tragen. Wie passend.

»Was macht ihr hier?«, freue ich mich und Matti verengt den Blick, als er Aurelie auf dem Platz entdeckt.

»Das könnte ich euch auch fragen.« Er deutet zu meiner Cousine, die Sindri gerade zum Schritt durchpariert, als hätten sie nie etwas anderes getan. »Ist das nicht die unreitbare Stute, die nur vor der Kutsche geht?«

»Ja, ein Wunder, oder?«, antworte ich begeistert. Wobei ich nicht weiß, wovon ich mehr begeistert bin. Von Mattis spontanem Besuch oder von der ängstlichen Stute, die eine unerfahrene Reiterin auf dem Rücken trägt und sogar ganz glücklich dabei aussieht.

»Wo du gerade von Wundern sprichst, wir haben auch eins für dich«, zwitschert Carlotta, stemmt die Hände in ihre schmale Taille ihres Sommerkleidchens mit Herzprint und ihre Schwester sieht mich ernst an.

»Hallo, ihr beiden, wie geht's, wie steht's?«, frage ich nett. »Heute schon was angezündet?« Das kann ich mir nicht verkneifen.

»Lassen wir die förmlichen Formen, lass uns weiter über Wunder reden«, winkt Carlotta ab und Matti schmunzelt, als der andere Zwilling eine Tüte Wasabinüsse aus der Tasche zaubert und beginnt zu futtern.

»Okay, wovon sprichst du?«, will ich wissen und lehne eine Nuss ab, als sie mir angeboten wird. Die Zwillinge tauschen einen langen Blick. Warum machen die es so spannend?

Matti nimmt meine Hand, als könnte diese Nachricht mich umhauen, und ich wappne mich. Sind Wunder eigentlich prinzipiell gut? Oder können sie sich, wie Wünsche, gegen einen richten?

»Also?«, fordere ich und blinzle nervös.

»Vielleicht solltest du dich besser hinsetzen«, schlägt Liese-lotta vor und hebt vielsagend die feinen Augenbrauen.

»Das geht schon so«, behaupte ich und Mattis Mund zuckt zu einem schiefen Lächeln.

»Wir haben entschieden, uns keine eigenen Ponys zu kaufen und auch keinen zahnlosen Hund«, erklären sie gemeinsam.

Ich runzle die Stirn, kann ihnen nicht ganz folgen.

»Aber es war doch euer Plan.« Gut, das mit dem zahnlosen Hund war eine schlechte Idee, aber …

Carlotta seufzt theatralisch, als wäre ich ganz besonders begriffsstutzig. »Wir wohnen in einem Hochhaus, Nelly. Du Dummerchen.«

»Oh, danke.«

»Warte es ab, dann kannst du dich bedanken«, wirft Lieselotta ein und kaut krachend eine Nuss. Nie zuvor hat mich dieses Geräusch so kribbelig gemacht wie jetzt.

Vielleicht möchte ich mich doch setzen und greife Mattis Hand fester, um mir Halt zu suchen. Ich muss zugeben, ich bin nach dem ganzen beinahe Ertrinken und der Beule am Kopf immer noch etwas schwach auf den Beinen.

»Wir haben entschieden, den Großteil unseres Finderlohnes zu intervenieren, um …

»Investieren, das heißt investieren, wenn man Geld spendet, um damit eine Geschäftsidee zu unterstützen, sagt Papa«, berichtigt ihre Schwester und rollt mit den Augen. Matti steht immer noch neben mir und grinst breit.

»Also, den Großteil wollen wir schenken, damit der Hof bleiben kann …« Das Gesagte braucht einen Moment, bis es bei mir ankommt.

»Das machen wir übrigens alle so, Matti und Aurelie auch.«

»Aurelie hat mir davon gar nichts gesagt«, hauche ich und schaue mich zu meiner Cousine um. Sie steigt gerade vom ihrem Seelenpferd und führt die Stute zu uns herüber.

»Durfte die ja auch gar nicht«, erklären die Zwillinge. Ich weiß nicht, was ich sagen soll.

»Aber das könnt ihr doch nicht, was ist mit euren Träumen und Wünschen …«

Carlotta atmet laut ein und plappert weiter.

»Gut, dass du das erwähnst. Wir wollen etwas dafür. Wir möchten, dass wir die Ferien, wenn wir wollen, bei deiner Oma verbringen dürfen. Das musst du klären, aber sonst …«

»Das geht bestimmt klar«, hauche ich und in meinem Magen flirrt es aufgeregt. »Und du? Matti, bist du dir sicher, dass du das tun willst?«

Er nickt und hakt sich bei mir ein. »Dieser Hof darf nicht aufgegeben werden. Und schon gar nicht in ein Hotel oder so was umgebaut.«

Matti und die Lottchens wenden auf dem Absatz, gehen den Sandweg zurück und ich werde abgeführt, in Richtung Hof.

»Kein Problem, mich musst du nicht fragen, ob das für mich klargeht. Ich verzichte gerne auf ein Vermögen, um zu helfen. Tatsächlich bin ich ein Engel auf Erden und kann gar nicht anders«, höre ich Aurelie hinter uns plappern und ich mache mich von Matti los. In wenigen Schritten bin ich bei ihr und drücke ihr einen dicken Kuss auf die Wange.

»Danke«, flüstere ich in ihr rabenschwarzes Haar.

»Mon Dieu, du brauchst mich nicht gleich vollsabbern.« Sie bekreuzigt sich, als ich von ihr ablasse. Witzig, wenn ich bedenke, dass ich mich bei ihrer Ankunft fragte, ob man ihr den Teufel austreiben müsse.

»Das werde ich dir niemals vergessen«, verspreche ich ihr und schäme mich für die Exorzismus-Pläne.

»Das hoffe ich mal. Ich weiß ja, wie es um dein Gedächtnis so steht«, foppt sie mich und erwidert dann so gut es geht die Umarmung, bis Sindri ungeduldig wird und versucht am Wegesrand zu fressen.

»Kommt, lasst es uns deiner Oma sagen«, beschließt Matti, der schon voraus ist und uns ungeduldig hinter sich herwinkt. »Die wird Augen machen.«

Tatsächlich machen wir Augen, als wir an der Scheune vorbeistolpern und den Protzwagen von Herrn Henke, dem Immobilien-Hai, entdecken.

»Wann ist der denn gekommen?«, fragt sich Matti und stoppt seinen Lauf.

»Oh nein!« Aurelies Augen füllen sich mit Tränen, sie denkt das Gleiche wie ich und ich renne los. Ehe ich die Treppe erreiche, geht die Haustür auch schon auf, ich bremse und ein zufrieden wirkender Herr Henke kommt heraus.

»Guten Tag, Kids«, sagt er auf seine unverkennbare Art und lächelt sein blitzweißes Lächeln. »Ich wünsche euch einen sonnigen Tag, genießt ihn.«

Matti und die Lottchens glotzen ihm stumm nach. Ich beiße mir auf die Lippe, meine Welt wankt, sie wird jeden Moment aus ihrer Umlaufbahn gerissen. Sind wir um Minuten zu spät gekommen?

Herr Henke setzt sich ans Steuer seines Mercedes AMGs und rauscht viel zu schnell vom Hof. Zurück bleibt eine Staubwolke, die vom Wind verweht wird. Ich setze mich erschüttert auf die oberste Treppenstufe vors Haus und starre sie an.

»Nelly, was ist los?«, erkenne ich Omas Stimme, die in der Tür auftaucht.

Ich blicke mich um, meine Stimme bricht, eine dicke Träne tropft von meiner Wange. »Wie konntest du das nur tun, Oma?«, frage ich.

»Was denn tun?« Mama kommt hinzu und runzelt die Stirn.

»Ihr hättet mich wenigstens mit einbeziehen können.« Ich bin so enttäuscht von meiner Familie. Die letzten Tage haben wir viele Stunden lang über den Hof gesprochen. Wir haben Tausende Fotos angeschaut, Oma hatte sogar eines von Nonni und seiner Familie gefunden. Und wir waren uns doch einig, dass all die Erinnerungen allein so unersetzbar sind, dass man sie nicht einfach aufgeben darf. Wir wollten uns noch etwas Zeit lassen, bis Entscheidungen getroffen werden.

Matti und die Lottchens stehen unweit von uns und sehen sich betroffen an. Sogar Sindri lässt die Ohren hängen, als wüsste sie, dass dies das Ende ist.

»Du hast recht, mein Schatz«, antwortet Mama und setzt sich zu mir. Sie legt ihre Hand in meinen Nacken, krault ihn. Oma sieht aus, als verstünde ausgerechnet sie die Welt nicht mehr.

»Aber wir dachten, es ist ganz in deinem Sinne«, höre ich Mama sagen und verstehe sie nicht.

»Was? Dass ihr diesem Schmierlappen den Hof gebt?«

»Aber nein, Nelly! Dass wir hierherziehen und Oma unterstützen. Sicher, wir müssen uns verkleinern, aber viele Pferde können bleiben. Auch deine Frekja. Und wenn du erwachsen bist und du es dann noch willst, kannst du den Betrieb übernehmen«, erklärt Mama ganz ruhig.

Ich blicke auf. »Was? Und warum war der Typ dann hier?« Ich bin mehr als verwirrt.

»Ich habe ihm erklärt, dass ein Großteil des verträumten Idylls des Hauses von den Pfauen ausgeht. Ich habe ihm Mister Perigrim und die anderen Pfauen verkauft und ihm einen Tipp gegeben, welches historische Objekt in der Nähe wirklich zum Verkauf steht«, gesteht sie nachdenklich.

»Was?« Ich schlucke.

»Tut mir leid, Nelly«, beginnt sie schärfer. »Aber etwas musste gehen und die Pfauen sind das kleinere Übel, sie werden es guthaben, da bin ich sicher und …«

Ich springe auf lege meine Hände an Omas runzlige Wangen. Dann küsse ich ihre Stirn, wie sie es oft bei mir tat, als ich noch kleiner war.

»Das ist noch ein Wunder. Und wir haben noch weitere für dich«, freue ich mich und ein irres Lachen schüttelt mich. Gott, ich kann es nicht glauben!

»Wir möchten nämlich auch helfen«, erinnern die Zwillinge an ihr Vorhaben und kommen näher. »Allerdings müssen wir einen Zweitwohnsitz hier anmelden dürfen«, zwitschern sie.

»Zut alors, das nenn ich mal ein Happy End«, mischt Aurelie sich ein und strahlt. »Jetzt brauchen wir nur noch eine gute Feuerversicherung.«

Eine Weile reden wir wild durcheinander, so aufregend ist das alles. Und dann nehmen all die schönen Pläne Gestalt an und Oma ist so gerührt, dass sie nun auch Tränen verdrückt.

Wer hätte geahnt, wie dieser Sommer mit Feuerpferden endet?

Dass ich meinen ersten Kuss bekommen würde, einen Schatz finde, im doppelten Sinne, und noch viel wichtiger, meine Cousine zurückbekomme. Auch wenn ich das vielleicht nicht mal verdient habe. Und was mir noch klar wird, ist, dass jeder auf seine Weise etwas ganz Besonderes ist. Und das hat ganz sicher nichts mit Äußerlichkeiten oder einer Beliebtheitsskala zu tun, sondern einzig und allein mit unserem Herzen.

**Ende**

Als Winterkind im Jahre 1978 in Bremen geboren, verfolgte Mina Teichert zunächst hartnäckig das Ziel, Kunstreiterin im Zirkus zu werden. Mit zwölf entschied sie sich um und beschloss Kinofilme zu machen, was sie über den Umweg als Fotografin ans Schreiben brachte. Schnell verliebte sie sich in diese Art des Geschichtenerzählens.

Wenn Mina nicht gerade schreibt, hilft sie ihrem Mann auf seinem Milchviehbetrieb in Niedersachsen oder bemuttert ihre Tochter und deren Katzenbabys.

Mina Teichert
**Ein Sommer zum Pferdestehlen**

288 Seiten
Hardcover
ISBN 978-3-7641-5142-3

ebook **Auch als E-Book erhältlich!**

# Alles für die Freiheit

Die 13-jährige Klara ist fassungslos: Der alte Schrotthändler im Dorf will die putzmuntere und kerngesunde Irish-Cob-Stute Gypsy zum Schlachter geben! Schnell fasst sie gemeinsam mit ihrer besten Freundin Marei einen wagemutigen Plan: In einer Nacht- und Nebelaktion spannen sie die Stute vor ihren alten Wanderwagen und mopsen das Pferd mitsamt Zubehör. Ihr Ziel ist ein etwa hundert Kilometer entfernte Gnadenhof in Holland. Ein Pferde-Roadtrip der besonderen Art beginnt!

Ein Buch über einen Sommer, in dem alles möglich scheint!

**www.ueberreuter.de**
**Folgt uns bei Facebook & Instagram**